学ぶとは

伊原康隆
藤原辰史

数学と歴史学の対話

はじめに

藤原辰史

学問の世界は、海のように広くて深い。私は、大学三回生のとき、その学問を職業にしたいと憧れ、たくさんの魅力的な学問の担い手に影響を受けながら、幸運にも学問を職業とすることができました。歴史学という学問です。

研究者の修行は、大学院で始まりました。史料収集と読書に明け暮れる毎日です。しかし、どれだけ調査をしても、どれだけ本や論文を読んでも、わかることが増える以上に、知らないことがさらに増えていきます。それでも、私たちは、無間地獄《むげん》と思うどころか、ますます研究にのめり込んでいきます。地位と名誉のために研究を使用している一部の「研究者」をのぞいて、信頼に足る研究者は、多かれ少なかれ、苦しい仕事をしている、というよりは、魅力に取り憑《つ》かれている、と言えるでしょう。苦しいときも辛いときもありますが、それもひっくるめて、私たちは学問という妖怪に取り憑かれてしまったようです。

そんな私が、二〇一五年に、これまで会ったあらゆる熱心な研究者とは異質なレベルで学問に取り憑かれた人と出会いました。それが、伊原康隆さんです。安全保障関連法案を廃案に追い込もうと仲間たちと一緒に作った「自由と平和のための京大有志の会」をサポートする、といく人かの数学者からメッセージが届きましたが、伊原さんはその一人でした。そこからつきあいが生まれました。世界数学史に大きな足跡を残した数学者なのですが、八十歳を超えてもなお、独学で生物学を学び、そのうえさらに、私たちが歴史や政治や文学の勉強会を開くと、それに訪れて、鋭いコメントを残して帰っていきました。ようするに、専門の数学はもちろんですが、異分野を学ぶことについても本気なのです。妥協がない。卑屈さもない。簡単に納得しない。学ぶことに対して率直で、厳しくて、とても真摯《しんし》です。学問の神のお使いのような人。私は憧れました。世代は私の父よりも十歳も上で、育った環境も、研究分野もまったく異なりますが、伊原さんとお話をしていると、なぜか急に学びたくなるのです。学問欲は伝染するのかもしれません。文系と理系と便宜上分かれている学問の体制に、私は違和感を覚えてきましたが、伊原さんは文系学問への敬意をもって、自由に、楽しげに話しかけてくれました。

そんな人と「学ぶとは何か」というテーマで往復書簡をしたら、きっと楽しいに違いない。文理の壁を突破する何かヒントを得られるかもしれない、と私は多幸感に満たされつつ、ミシマ社のサイトを借りて、伊原さんと手紙のやりとりをしました。

ところが、甘かった。往復書簡の過程で私はいくどか挫折しかけました。伊原さんの考えている数理の世界と私の考えている人文学の世界には少なからぬ隔《へだ》たりがありました。数学の入門書などを読んでも、議論を発展させる言葉をなかなか見つけられないのです。何度もお手紙を読んで、何度も考え、本を読みました。数学もいろんな教科書をひもときました。ああ、文理融合なんて甘い夢をみていたな、言葉がそのブリッジを架《か》けられるなんて、お花畑だなと自分の無知と無謀を呪いさえしました。

ですが、伊原さんは辛抱強かった。ずっと私の化学変化を待ちました。わからなければ勉強すればいい。えんぴつと紙をもって、何度も書いて、何度も考えて、じっくりと取り組めばいい。伊原さんは言葉に出さないで私に働きかけていたようです。私の中に潜む野獣のような学問欲が何かによって抑圧されていることを知っていたかのようでした。あれだけ勉強好きな私が「このへんでいいや」「ここでやめておこう」と自分の学問に線を引いていたことを、見抜いていたかのようでした。小学校や中学校のとき、勉強が好きなことを友達に言わないことにしていました。まわりには勉強が嫌いでスポーツが好きだと言う人のほうが圧倒的に多かった。みんな嫌いであることが普通だとされていたので、勉強好きとでも言おうものなら、いじめられることを理解していました。学校の授業も勉強もあまり好きではないことにして、友達をたくさん得てきました。熱心であることを隠そうとしました。私以外にもきっと、そんな児童や生徒がいたはずです。学ぶことは点を取って誰かの上に立つことではなく、面白い、楽しい、解いてみたい、というような、誰もが持つあの情熱の噴火だったはず。

伊原さんは、そのあたりから私の心に巣食っていた何かを、往復書簡で解除しました。突き抜けろ、とことんやれ、と。楽しいんだったら、楽しいと言えばいいんだ、と。

結果が、この往復書簡です。予定調和をいっさい排除し、伊原さんも私も自分の世界をお互いにぶつけあって、火花が散り、頭が沸騰《ふっとう》するほど悩み、だからこそ予想外のところで、意気投合をくりかえしました。そうか、ここか。ここが自然科学へとつながるトンネルか、と。そして、私はまた、自分の力不足を痛感しつつも、学問の意欲が桁違《けたちが》いに高まりました。

往復書簡の序盤は、どちらかというと、二人とも学問の初心者に向けて書いていました。ところが、話を進めるにつれて、それは自分たちに向けて書かれているように感じました。私たちも、学問という銀河系の中では今なお小さな星屑《くず》、一学徒にすぎません。学問への憧れはとても強いですが、まだ満たされていません。お互いが持つ学問への強い憧憬《しょうけい》の念をお互いの心に向かって照らすことで、いったいどんな化学反応が起こるのか。放たれた光が、どう自分の中で反射して、別の箇所を照らすのか。まるで実験のようでした。本書は、お互いが放った光が意外な場所を照らし、隠されていた自己を発見するようなそんな実験の報告書といってもいいかもしれません。ぜひ、みなさんも、こんな私たちの学問の実験に参加しませんか。

•

つづいて

伊原康隆

学ぶとは何か。藤原さんが書かれたように、この往復書簡はこのテーマに関するそれぞれの体験と考え方を正直に突き合わせ続けたら一体どういうことが起こるだろうか？　の「実験報告」でもあり、それを新たに編集し直したうえで出版していただけることになりました。

実験科学の論文では実験装置に関する報告も必要です。ではこの場合それに相当する「具体的テーマいくつか」の選択はどうであったか？　新たに読み返してもそれは悪くなかったし、二人とも正直に思うことを分析的に言えていたのではないかと感じております。それぞれ厳しい世界で生きてきた変わり者かもしれませんから、これがそのまま読者諸氏のお役に立つかどうかはわかりません。ただ、野球の大谷翔平選手がこうすればいいよというのが大抵の選手には役に立たないのと比べれば、われわれは普通の人間が変形してこうなっただけですし、サジェスチョンも多岐にわたっていますから、わりにお役に立つ部分があるかもしれない、と感じてもおります。お叱りをいただければ「これに増す喜びはございません」などとは正直申しませんが、歓迎はいたしますので。

合計十四往復の書簡を推敲し直して順序通りに並べたものですが、長いので全体をほぼ同長の三部（Ⅰ、Ⅱ、Ⅲ）に分けようよ、ということになりました。これはテーマによる分類ではなく単に時期による区分けです。書いたときの楽しいあるいは苦しい思い出はそのときの季節感とも切り離せず、こんな風になりました。

Ⅰ　晩秋から初春……お互いに自己紹介。それぞれ自分の欠点も殊更《ことさら》強調しつつ！　正月頃は「本物とは」について少々ヒートアップ。

Ⅱ　春から夏……多岐にわたりぐんぐんヒートアップ。

Ⅲ　秋から年末……クールダウンというよりは、さて……。

そして読者諸氏は、順序通りに読んでいただく必要はないと思います。まず目次をご覧になり、興味を惹《ひ》かれた箇所から読み始められ、そこから自然に広げていかれるのでも良いのではないかな。私からの書簡に限っていえば、例えばⅡ‐10はお勧め優先順位一か二ですが、先行するⅡ‐6、Ⅱ‐8（数学関係）とは独立です。

なお数学がらみの話は、これらに先行するI－8の後半を含めた三書簡にわたり、どうしても縦書きになじまない部分は横書きにさせていただくことになりました。どうせ数学の話を書くのならこれを、とかねがね思っていたことに絞りましたが組織的なことは一、二回では書けません。数式嫌いの方々はその部分は読み飛ばされ、そのために本書を投げ出したりはなさらない、と長年の体験から確信しております。

一番の共通のテーマになったのは「言語表現」ではないかと私自身は感じており、特にこの関連のやりとりについては読者諸氏のご意見を是非伺いたいとも思っております。

最後に、当時の往復書簡では多くの参考文献も取り上げました。それらの中には、読者諸氏にも余裕がおありなら是非（できれば原著を）紐解《ひもと》いていただきたいと思うものもあります。また最後の往復書簡で話題になったAIについての数学者としての観点も一書簡では書ききれませんでした。それらは私の該当書簡に「補足」として追加していたのですが、その一部を幸い出版でも生かしていただけることになりました。名称は「裏打《うらうち》一片」。内容は、往復書簡と深い関連をもつ文献五冊の「ミニ書評」、そして最後のテーマと関わる「AIと数学と」の二つで、それぞれほぼ独立した読み物として書き直しましたので、あわせてご参照ください。

目次

Ⅲ

I

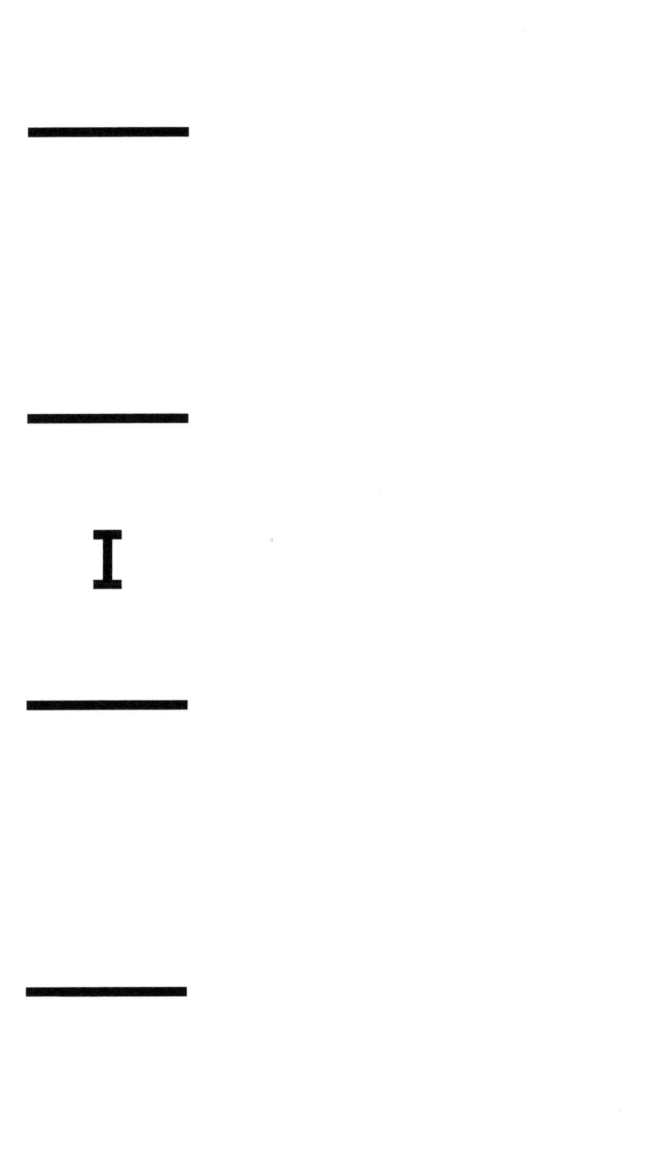

Ⅰ-1 いまでも根っこは理系かもしれない

藤原辰史

「学ぶとは何か」という壮大なテーマで伊原さんと手紙がやりとりできる喜びをかみしめています。その喜びとは、世界で高く評価されている数学者の伊原さんと言葉を交わせるから、という意味ではほとんどありません。そういう気持ちがもちろんないわけではありませんが、伊原さんとお話を繰り返しているうちに、伊原さんの率直な精神の動き、そして強烈ともいうべき好奇心の強さにすっかり魅せられて、伊原さんの前ではなんだか自由にお話ししてしまうことに、自分でも驚いているからです。

私たちの出会いは二〇一五年の夏、安保法制（いわゆる平和安全法制整備法案）を廃止に追い込む運動が真っ盛りの頃ですね。京都大学の仲間と結成した「自由と平和のための京大有志の会」の声明書に賛同のコメントを送ってくださり、その後、有志の会のイベント、たとえば、大学の教員、大学、市民の垣根を超えて参加できる「本を読む会」などにたびたび足を運んでいただきました。有志の会のメンバーで物理を学ぶ院生が、伊原先生は数学の世界では宇宙人で別格だ、と言っていたのが印象的でした。

反安保集会で、伊原さんがＯＨＰ（オーバーヘッドプロジェクタ）でスライドを見せながら安倍政権批判をやり、私と漫才のようにやりとりをしたことはいまでも忘れません。何より、伊原さんが人文学の重要性のみならず、人文学そのものの可能性を深く理解されていることに大いに励まされています。

それだけでなく、伊原さんが私の本を読んで鋭い感想をくださったり、逆に私から伊原さんの本の原稿を拝読させていただき、その感想を伝えたり、ご自宅に招いてくださったりして、伊原さんの魅力をいろいろ知ることができました。まずはこの場で感謝を申し上げたいと思います。

とはいえ、私はまだちゃんと自分が何者かを伊原さんに伝えていないように思います。伊原さんの中高時代の様子は、ご著書『志学数学——研究の諸段階 発表の工夫』（シュプリンガー・フェアラーク東京、二〇〇五年／丸善出版、二〇一二年）や『とまどった生徒にゆとりのあった先生方——遊び心から本当の勉強へ』（三省堂書店／創英社、二〇二一年）で拝読しておりますので、ある程度までは知っているのですが、もっと教えていただきたいですし、そういえば私自身もあまり自分について語っていないので、まずは簡単に中高時代を中心に自己紹介をしたいと思います。

私は歴史学者です。歴史学には、政治史、経済史、文化史、社会史、科学史などのジャンルがあるのですが、環境史や農業史、あるいは食の思想史が専門です。主に、二〇世紀前半の二つの戦争と食・農の関係がテーマになります。主なフィールドはドイツなので、ドイツに縁のある伊原さんとはこの国の話をいろいろしましたね。

島根県奥出雲《おくいずも》の田舎の中学校を出て、元農林高校だった田舎の普通科の高校に入学しました。伊原さんの前で申し上げるのは恥ずかしいのですが、数学は好きでした。ただ、確率・統計はまったくダメで、数列やベクトル、微分・積分は楽しかったです。いま、子どもと数学の問題を解いていると、楽しくなって、自分はいまでも根っこは理系かもしれない、と思うことがあります。高校までは、答えが決まっている問題を解くことが楽しくて、逆に答えのはっきりしない国語の長文を読解することが苦手でした。

理科の中では物理や化学がさっぱりわからず、逆に生物がとても好きでした。伊原さんがいま分子生物学や進化論を独学で深く学んでいるのですが、それにはまったく及ばないにせよ、人体の仕組みや光合成の仕組みなどはずっと見ていても飽きないくらいでした。

文系科目の中では世界史がやはり最も好きで、得意でしたね。ただ、それは歴史学の精神を理解していたというよりは、端的に世界史上に出てくる人物や事件の名前にエキゾチズムを感じていたのだと思います。アメンホテップ四世とかオクタヴィアヌスとか、響きがカッコいい。覚えれば覚えるほど、自分の引き出しからどんどん歴史上の人物が出てくることが楽しかった。第一次ベビーブーマーの子どもの世代にあたる私は、猛烈な受験戦争に巻き込まれた世代で、受験勉強中心の学び方でしたし、納得できないときは納得するまで先生を質問攻めにすることはなく、何となく自分で未消化なりに折り合いをつけようとしていたように思います。ですから、学ぶことは、暗記することと深くつながっていたと思います。

答えがない問いの快楽

文化系学問の学びの深さに惹かれ始めたのは、京都大学の三年生の頃でした。私の指導教員になる池田浩士《ひろし》さんのゼミで、ドストエフスキーの作品を読むというものがありました。池田さんはドイツ文学が専門でしたが、ファシズム文化から福澤諭吉まで幅広い関心を持っていて、鮮烈な影響を受けて現在に至ります。

私は、高校まで文学とは無縁の生活を送ってきたので、ドストエフスキーをこのゼミで初めて読みました。『貧しき人びと』『地下生活者の手記』『賭博者』『罪と罰』『悪霊』『白痴』『カラマーゾフの兄弟』と読み進めていくのですが、最初は苦痛でしょうがなかった。なんでこんなに書き方が過剰で、登場人物のセリフが長く、粘着質なのかと思いました。とともに、他の学生や院生のコメントを聞くにつれ、自分がいかに作品を読めていないかを知りました。まわりの大学院生や先生は読みが深く、いろいろな事象と関連づけて作品を論じます。私は、自分の関心に無理矢理引きつけてしか論じられない。作品に内在する何かに近づけずに苦しんでいたと思います。しかし、それでも辛抱して読んでいくうちに、少しずつドストエフスキーの作品に取り憑かれていきます。何と言いますか、答えがない問いをずっと考え続ける快楽と言いましょうか、人間が存在するとはどういうことか、思想をもつとはどういうことか、というような永遠に決着のつかない問いを考えることを、むしろ楽しく感じるようになったのです。

また、池田さんのナチズムのゼミではナチス研究の入門書を輪読しながら、ナチズムのさまざまな面について学びました。そこで、ナチスの農業政策に出会い、食料自給率の向上を目指していたことを知り、驚いたのでした。

さらに、社会の底辺の人びとを扱う講義の中で、炭鉱労働者や日雇い労働者の歴史についても学びました。ですから、歴史を征服者や支配者、成功者が書いた「王道」から眺めるのではなく、周辺や底辺、虐《しいた》げられた人たちから見ようとする私の研究の中心的態度は、このゼミで学んだと言ってよいと思います。『罪と罰』も言わば、底辺に暮らす人びとの物語だと先輩の発表から知って、「ものの見方」を少しずつ自分で獲得できるようになり、読書が楽しくて、活字中毒になってしまいました。自分で問いを立て、何となく答えを探し、友人と議論するというサイクルの中で、人文・社会科学の面白さの虜《とりこ》になっていきます。とくに歴史は、史料を集めて、読んだあとは、ルールさえしっかり守れば、比較的自由に自分で物語を編むことができる。その作業に夢中になったのでした。ちなみに「ルール」とは、史料の文脈を理解し、先人たちの議論を熟知したうえで自分の研究を位置づけ、引用箇所を明記することで、自分に都合のよいストーリーにしないようにするということです。

ただ、文理融合に憧れて総合人間学部に入学したこともあって、いまだに生物学には関心を持ち続けていますし、単なる歴史学の観点ではなく、もっと自然科学の観点を研究に織り交ぜていきたいという試みを不十分ながらしてきました。そういう意味で、これからの伊原さんとの言葉の交換が楽しみでなりません。

すっかり京都は気温が下がり、秋めいてきましたが、どうかご自愛くださいませ。

（二〇二一年十一月）

I-2 学びの中の「習と探」あれこれ

伊原康隆

過分なご紹介を温かいお言葉でいただき、どうも有難うございました。面映《おもはゆ》い、それに私こそ大いに啓発していただいております。藤原さんの学生時代の勉強についても大変興味深く読ませていただきました。私にとってかなり別世界での新鮮なお話でした。藤原さんとは当初は「自由と平和のための京大有志の会」の一人のサポーターとして、次いでは「食と政治」に関わる藤原さんの実に啓発的な数冊のご本を通して、「こういうことも取り上げて続きも書いてくださいい」などと勝手な注文をつけたりしたことで、親しくさせていただくようになりました。

藤原さんとの「噛み合わせ」を試みるのは追い追いとして、当面は私のほうの歯車を少しずつ回し始めたいと思います。まず回す当人について、私の心の中では（良く言えばですが）どうやら几帳面さ（一種の完璧主義）と遊び心（外してみないと気が済まない）がいつも同居しており、それらが頻繁にバトンタッチし合っている、そんな気がいたします――共著論文を書いたアメリカの友人からも「外す」をリズムの「オフ・ビート」に喩《たと》えてそう言われました。

また、しばしば対立概念として捉えられている二つの要素、努力と怠惰、理系的指向と文系的嗜好、なども、仲間のように同居しつつ、押し合いへし合いしているのかもしれません。この対談でもいくつかの「同居かつ対立」の対を取り上げ、「学ぶとは何か」に私の筆使いで迫ってみたいと思います。

習得することと探索すること

今回は、タイトルの「学びの中の『習と探』あれこれ」。「学び」の姿勢を、「習得のため」と「探索のため」に分けて考えることを私は提案しております。まず大雑把にいえば

「習」は広範な基礎知識を身につけるため

「探」はその中から自分の特性を探すための、狭くとも深い学び方

「習」を無視した「探」はすぐ行き止まりになる、基本はあくまでも「習」にある。以下はこ

れを踏まえたうえでの話です。ところが「習」は、試験のための場合も含めて、やはり受け身でしょう。受け身の気分でずっとやっていては元気もでませんね。「勉強とは苦行に耐えること」というやり方では、徹底すればするほど間違った方向に行ってしまうと思います。ある若い人に「ああそうか、自分たちはわざわざ苦しくなるやり方を選んでしまってきたのだった」と言われました。

他方、「探」の学び方は、驚きを求めてそれを深め、逆に驚けないことは自分には合っていない、と思い切りよく切り捨てて幅を狭めることでもあります。対談の後半では理系での「探」にも深入りしたいと思います。

びっくりして好奇心に火がつく

まず、小、中学では「習の中の探」に注目するのが自然でしょう。たとえば理科の授業で「冬、金属の手すりに触れると冷たく感じるのはなぜか？　それは金属は熱を通しやすいから手から熱を奪う、だから冷たく感じるのだ」と教わるのが普通。それを大人しくノートにとるだけなのが「習」。「そうか、なるほど、面白い！」と驚きを経て理科がちょっと好きになるのが「探」への入り口で、この場合その子は理科への適性がありそう、ということにもなるでしょう。するともう一歩進めて「では炎天下の金属の手すりが（焼けるほどに）熱いのは？」とか「冬の手すり自体の温度はどうなっているのか」など、思いを巡らせることにも繋がり、その子はその授業を「探」として受けるようにもなる。

ついでに、冬場で空気が乾燥しているときドアノブを不用意に触れるとビリッと感電するのは、ご存知のようにドアノブの金属が電気も通しやすいのが基本的な原因です。高校で電子のことも学んでからなら、金属が電気を通しやすいのはそのどういう特性によるものか等、知りたいことが広がるでしょう。原因のもう一面は「では静電気が溜まっているのはどこか？」に関わってきますね。さて、それはドアノブか、触った手か、両方か？

ところで授業の時間を退屈に過ごすことが多い場合、それは大きな無駄使いですね。何とか減らせないものでしょうか。まず、退屈が「内容がやさしすぎて」の場合。それは「習」から早めに「探」の要素を取り入れるチャンスです。余裕から生じる連想あれこれを考えて時間を過ごしてはどうでしょうか——先生は触れなかったが、ではこんな場合はどうなのだろうか？など。それによって先生が次に言われることを聞き逃すこともあるでしょうが、「探」ならそれでもよいと思うのです。

逆に、どうしても分からないとか、いつまでも面白さを感じられないという場合は、その初期のうちに勇気をもって質問をするのが一番お勧めですが、その資格すらないと感じるようになって久しいのでしたら、関心の的を他科目（での「探」）と他の生徒に向けてみてはどうでしょう。他の生徒というのは、「そういうことを面白がる生徒もいるのだ、自分には役に立っていなくてもその子には役立ちそうで、いずれはその子の社会への貢献を通して自分たちにも役立つかもしれない」と考えることが社会勉強にもなるかと思います。「こんな授業は無意味」と即断しないことの勧めです。

今後も実例を追加しながら話を進めてゆきたいと思っています。学習における「二通りの記憶力」についても、機械的な記憶力が悪かった私の感想と意見をいずれ綴ってみたいと思います（I－6）。

今回の締めくくりに、対談への期待感をひとこと追加させていただきます。藤原さんのご専門「農の歴史」の「農」は（数学とかなり離れた、現在の私には興味深い側の）理系ですし、藤原さんは数学的な理系の気質とセンスも元々豊かにお持ちです。「学問は文科理科の相違を超えたところに根源的な価値がある」との共通認識も、勉強しながら深めることができそうで、私もこの対談を大いに楽しみにしております。

なお、その過程の中で「考え方の根本的な相違点にも互いに目をつぶらず、それらも確認して共有できれば」という欲張った思いもなきにしもあらずです。しかしこれは、多分、定年後の自由人の思うこと、成り行き次第でしょうか。

ではどうぞよろしくお願いいたします。

（二〇二一年十一月）

I-3 孤学と縁学

藤原辰史

学びには「習得すること」と「探索すること」があるという伊原さんの整理は、学びとは何かを考えていく私たちの冒険に大変役立ちますね。

現在の教育も「詰め込み教育」の反省を始めており、それこそ「探究科」という専門科が進学校にできるくらい、未成年の「探」の重要性はますます増しているように思います。最近、高校で講演をさせていただくことが増えたのですが、そこではつい「高校までの学びは問題を解くこと。大学からの学びは問題を立てること」と言ってしまいます。私が高校生だった頃のイメージを引きずっているのでしょう。しかし、実のところ、現在の高校生は論文を書いたり、調査をしたりするチャンスが結構あるようです。また、当然、大学入学後も、問題を「解く」ことは重要な学びのひとつでしょう。ただ、依然として、私が通っていたような、進学校ではない高校では、「習」の比重は大きくならざるをえず、地域によってはその「習」を、放課後に先生や地域のボランティアが必死に支えている、というのも日本の「学び」の風景にほかなりません。

クラスメイトに興味をもつ

伊原さんと異なって、私は、高校までは受験勉強に適した機械的暗記が得意でした。脳みそを筋肉のように考えていたんだと思います。当然、無感動に覚えていますから、大学に入って忘れるのも早かったですね。このようなやり方がおかしいことは受験勉強をやりながら理解していましたが、やめることができませんでした。

そんな現状を踏まえたときに、伊原さんが、授業がつまらなければ、授業そのものではなく、授業に出ているクラスメイトに興味をもつというのはどうだろう、と提案されたことに驚きました。非常にユニークな視点だと思います。

前任校で卒業論文の指導をしていたとき、驚いたことがありました。学生は卒論ゼミの開始時間には来ず、ギリギリまで自分の論文の準備をし、自分の時間が始まる頃にやってきて教員の指導を受けたあと、すぐに帰ってしまう。一緒に卒論を書く仲間が何をしているかにはほとんど関心を持ちません。私はこれでは大学の意味がないと危機感を抱き、できるだけ他の学生のも聞いてね、と伝えました。しかし、やっぱり、自分の論文を仕上げることばかりに気が取られることが多い。

他人が何について書こうとしているかに関心を持ち、意見を言ったり、アドバイスをしたり、悩みを聞いたりすることは、自分が卒論を仕上げるよりも重要なプロセスだと私は思っています。人文科学では（自然科学や社会科学もそうだと思いますが）、概念一個、名詞一個、動詞一個の選択をいい加減にしてしまうと論文の質が落ちてしまいますので、かえって自分の論文が他人の発表での言葉遣いから影響を受ける機会があればあるほどいいと思います。相手へのコメントや批判をしつつ、自分にブーメランのようにそれらが戻ってくるという感覚も重要です。そのような相互作用は、実は他人が気になって仕方がない小学校のときにはむしろ自然にあったことだと思います。とりわけ人文社会科学は、基本的に共同的なものだと私は思っているところがあります。これを仮に、拙著『縁食論』（ミシマ社、二〇二〇年）のタイトルを援用して、「縁学」と名付けてみたいと思います。また、小中高のようにオフィシャルな場所で集団的に学ぶことを「公学」と言ってみたいと思います。

他方で、以前伊原さんの数学ノートを拝見したときにも思ったのですが、学びは基本的に孤独であり、誰にも邪魔されない自分の自由な心の動きでもありますよね。私も、コーヒーを飲みながら静かに本を読んで、物思いにふける時間というのは（最近急速に減りつつありますが）

かけがえのない自由な時間です。それはとくに「探」に欠かせない。これを仮に「孤学」と呼んでみましょう。すくなくとも歴史学のジャンルでは、縁学も孤学もどちらも大切な営みです。

孤学・縁学・公学のバランス

孤学の楽しさを私は存分に味わってきましたが、他方で社会との関係が切り離されてしまう恐れもあります。どんなに優れた発見や学説でも、学問が社会に悪影響を与えることまではなかなかイメージできない。アインシュタインはその悲劇（もちろん、彼は後に平和運動に関わるわけですが）のひとつのあらわれかもしれません。われわれの仲間が伊原さんに驚くのは、孤独にひたり続ける数学という学問の担い手なのに、社会や政治や文化の「探」も決してやめない、そのバランスです。

他方で、学問の仲間たちと自由闊達《かったつ》に議論することが重要なのはいうまでもないのですが、自分の心の中で思考を深めることなく、世論の流れを気にしすぎる学問というのも考えものですよね。あまりにも社会の空気を読むことに熱心で、既成概念に挑戦するような自由さがなくなってしまう。最近の学問では、とくにこの傾向のほうが問題なのかもしれません。

私本人に限ってみても、孤学と縁学の衝突は日常茶飯事であります。所属している人文科学研究所は「共同研究」を看板にしておりますが、一冊の研究報告書を作成する際に、班員の個性と班の共同性をどう折り合わせるのか、毎回悩みます。一方で、孤学の海に入り込んでいくと、本当にこの方法で問題ないだろうかと不安に襲われ、誰かと話したくなります。

いずれにしても、公学と孤学と縁学がそれぞれ引き合う磁場のはざまで、それらを結びつけながら、自分なりの学びを探っていくということなのでしょう。ただ、私が考えてみたかったのは、その中で、伊原さんのおっしゃられた、「学ぶ他人に関心をもつ学び」という縁学の可能性でした。

公的教育、つまり公学の中でいかに縁学の可能性を広げられるか、そして、各々の孤学を最大限自由に羽ばたかせることができるかが、学びの豊かさにつながっていくと考えています。

（二〇二一年十二月）

I-4 「本物」と「わからない」という試金石

伊原康隆

大変興味深く拝読いたしました。文系、理系の相違を超えて共感するところ大でした。さまざまな連想が日替わりで湧《わ》いてきましたが、その一部を含め、自分が慣れている言葉で書かせていただきます。

まず「高校などで大人が用意する探」と私の意味の「探」との関係について。窓を開けてもらったり背中を押してもらったりする前者は、生徒にとっては「教育環境の状態」。他方、私のイメージの「探」は、何かに（知的な）火がついた「個人の心の状態」に関する言葉です。同一方向に向かうとも限りません。環境が与える「正の方向」に向かうのと、生徒が反発して逆方向に向かうのと、両方あり得るわけです。若者ですから背中を押されるより自分の足で地面を蹴《け》って進みたいという本能的な欲求もあることでしょう。とにかく両方向ありですから、まずこれらを別々なものとして区別し、概念としてはむしろ対立させて論じたいのです。蹴る足と蹴られる地面、あるいはプラス電荷ともう一つの「マイナスまたはプラス電荷」のように。藤原さんが提唱された「縁学」は、極めて含蓄《がんちく》豊かだと感じますが、ある分子を調べるためにはまずそれを構成している原子から調べるように、これは論としては第二以降の段階で導入するほうが自然な複合概念（両者の結合体のような）ではないでしょうか。ご意見をお伺いします。

さて、自分を発見するためには「本物」と「わからない」の二つを大切にしましょう。これが私の本音です。「本物」が「外なる試金石」なら「わからないという気持ちを大切にすること」は「内なる試金石」といえるであろう。さまざまな本物に接する中で、何に興味が持てるかを知る。何に対してなら「自分には、まだわからない、もっと知りたい」と心から思えるのか、そして思えたらその気持ちを何よりも大切にする、これが個性発見に繋がるのでしょう。本物、知りたい、わからない、アッそうか！　の順で。藤原さんの場合、本物ドストエフスキーに出会い、最初わかりづらいと感じつつもそれを大切にされ、乗り越えてこられたのでした。

絵画が上下逆に展示されていた

関連して次のエピソードを紹介しましょう。やや進んだ深入り段階の話ではありますが。

パリの美術館にフランスのある著名な画家の絵が展示されており、その一つを眺めていたある日本人が、あれ、もしかして上下逆ではないか？　という思いにとらわれた。そのうち誰かが気づいて直されるだろう、とも思ったが翌年もそのままだったのでそれを伝え、結局展示の上下は正され、当地の新聞にもそのことが載った、という話です。かなり有名な話で、ご存知かもしれません。

画家は、印象派といえば……のクロード・モネ、絵は彼が晩年よく描いた池の睡蓮《すいれん》作品群の一つ、場所はパリのマルモッタン美術館、時は一九七〇年代初頭、逆展示に気づいて指摘したのは光通信の大家、故・西澤潤一氏でした。いわば光の両大家――芸術方面と科学方面――の、時代と国境を超えての「ご対面の図」。そこから生まれた話です。

これを単に、たまたまの出来事だとか誰かの過ちに気づいて恥をかかせた話だとかみる人もいるかもしれませんが、私はこれこそ文化を学び支える重要な要素が読み取れる含蓄豊かな話ではないかと思っています。西澤氏はモネの大ファンだったそうですから、まず作者への半端でない敬と愛があります。当然、自身の眼でこの作品も直視したい——としばし佇《たたず》んだことでしょう。そして睡蓮の絵では、水面が鏡の如《ごと》く上部の様々な景色を映しています。どの光が直射でどれが反射か。うーん、おや？　まさか？　と首を傾げたあと、上下逆にした場合の絵も頭でイメージしてご覧になったことと推察されます（青年時代の彼なら「天橋立の股のぞき」風もあり得たかもしれませんが）。そして、お、上下逆ならピッタリだ、とわかった、それで権威ある美術館が如何なる判断をしていたとしても自分の判断が正しいと確信できた、ということでしょうか。

・本物への愛
・探の心による自分の眼での直視、自分の頭での分析
・見えないものもイメージしてみようとする習性（これが大切）
・自分の判断の明確化とそれへの自信

どれもが普遍的な重要性を含んでおり、ともすれば薄っぺらくなりがちな現代、それらは大切なことだぞ、と西澤氏が暗に教えてくださったのだ、この教訓は大勢で共有してしかるべき

だと思った次第です。

微積分とは変化⇅結果に関する人知！

私が前回書いた「授業がつまらなかったらクラスメイトのことを考えたら？」について、藤原さんは新鮮味を感じたと言ってくださいました。いつから私がこう思うようになったか記憶が定かでありません。でもその後の関連した記憶についてならお話しできます。その一つは、秋月りすさんの四コマ漫画集『ＯＬ進化論』（講談社、現在四二巻まで）。長い間の寝る前の友達です。ちなみに共同研究の仲間だった名古屋大学の松本耕二君も彼女の漫画の大ファンと知りびっくりしました。この中のどこかで、カチョウ夫人が「数学は苦手、こんなことを勉強して何になる」と拗《す》ねた息子に向かって「でも数学が得意な子もいるでしょう、どう思う？」「それはすごいと思う」「そう、そういうことがわかるだけでも大切なことと思わない？」のようなやりとりがありました。

もう一つは村上春樹さんの自伝的な小説の中に「ぼくは微積分計算にはこれっぽちも興味を持ち合わせていなかった。（中略）微積分計算の原理を追求するよりは、バルザック全集を読破する方がずっと愉しかった」（短編集『一人称単数』「クリーム」文藝春秋）、「学校の授業はおおむね退屈だった」（『猫を棄てる』文藝春秋）といったくだりがあり、「ふーむ」と考えさせられました。ここでは、まずは微積分の弁護を、次いでどう教えられたかの推測、そして書かれていない部分から読み取ったことを書いてみます。

「変化と結果との関係に思いを馳《は》せ、変化の規則を知って結果を予測する」

これが生物が生きてゆくうえで根本的に重要、とは誰しもが認めるでしょう。野球で外野飛球が打たれた瞬間だけを見て、上手い外野手は一目散になため後ろに走りピッタリな場所とタイミング（と高さ）でジャンプ、キャッチできる。これは体が経験の蓄積によって無意識に「積分」しているからですね。甲子園の浜風など風向きも頭に入れてあるでしょう。初期条件と変化の規則がわかっていれば結果がわかる。この理論的な基礎づけが積分法、逆に結果の推移から変化の規則を知るのが微分法。これらは互いに逆演算になっていて「微分のほうが計算しやすい」という事情を積分を計算するのに組織的に利用する知恵が微積分学。「ぼく」には興味が持てなくても、自分の住む社会がそれを活用できることの大切さにも思いを馳せてほしい。

でも多分、授業ではこういう風には教わらない。私もこう教わったわけではない。授業で本質的なことを言ってくださる先生は稀《まれ》でしょう。先生が普段の授業で教えるのはその使い方の手順です。そして手順など、たしかに村上春樹さんに興味が持てなかったことでしょう。村上さんは、「ぼくは」と自分の主観であることを明示したうえで、微積分やそういう授業をばっさり切り捨てておられます。そこを補っての私の感想は、この拒否（と『バルザック』の選択）は村上さんにとっての根源的な「探」であったのだろう、他方、微積分を役に立て得る生徒がいて然るべきなのだから、彼の「かっこ良い切り捨て」はそれ以上の影響力を持ってほしくはないな、でした。

なお、世の中で起こる変化は大抵は「規則的」どころではなく、そこには偶然としか言い表せないほど複雑な要素が入ってきますね。早い話、ヒトラーの両親がたまたま出会っていなかったら歴史は同じではなかったでしょう。この世の変化は「外野飛球のようにすら」規則的ではない。微積分が万能だとは数学者自体が決して思っておりません、念のため。

今回のが年越しバトンになりましたが、来年（正月早々！）もよろしくお願いいたします。皆様どうぞ良い年をお迎えください。

（二〇二一年十二月）

I-5　本物とは何か

藤原辰史

二〇二二年が始まりましたね。今年も伊原さんとこうして言葉が交わせることをうれしく思いながら、お返事を書いています。

大人が用意する教育環境としての「探」と、個人の心の動きとしての「探」は、現段階では別々のものとして扱うべきだというご指摘、ごもっともです。せっかちに結論を求めてしまうのは私の性分で、「縁学」という言葉はいったん棚上げして、発酵するのを待つことにしましょう。

「本物と出会うこと」と「わからないと認識すること」という試金石が実は連なりであること。パリのマルモッタン美術館に飾ってあるモネの絵が、上下逆であることを光の専門家の西澤潤一さんが明らかにしたというお話にはとても心惹かれます。数学者の伊原さんがご自宅で私たち家族に向けてモーツァルトへの溢れる愛を語ったときのことを思い浮かべていました。自然科学と芸術のあいだには私たちが想像するほどの大きな壁が存在しない、それどころか、どこかに共生する世界が広がっているのではないか、とワクワクしてきます。

本物の本物

ここで伊原さんに質問があります。伊原さんは「本物」をどういうふうに定義されるのでしょうか。私は決して「本物」の存在を否定しているわけではないですし、若いうちに「本物」に触れ、チンプンカンプンの迷路で迷うことの重要性は理解しております。「アイツはホンモノや」とか「あの人の仕事はニセモノだよね」という言い方もいままでしなかったわけではありません。ただ、これまで流通してきた「本物」という言葉は、芸術や学問の商業化がここまで進んでしまった現在、どこか「俗っぽく」なっているような気もしないではありません。そこから、伊原さんが愛し、私がつかみたいと思っている、「本物の本物」をきちんと救い出しておきたいのです。

もちろん、伊原さんとのこれまでのお話やご著書から、伊原さんにとっての「本物」が何かについては理解しているつもりなのですが、あらためてこの場で聞いてみたいのです。いまパッと私の頭に浮かぶのは、こんな感じです。

・時代の試練を乗り越えたもの
・あらゆる角度からの批評に耐えられるもの
・繰り返しの玩味《がんみ》に耐えられるもの

他方で、時代が認めてきたのだから、みんなが「良い」というから「本物だ」ということに、どこか悔しい気持ちも抱いてしまいます。本物はいまどこかでたえず生まれているはずなのに、それが不当に「本物でない」と言われて、人びとの目に触れられていないのではないか、という思いと、いや「本物」はやはりどんな運命だろうと「本物」であり、だから歴史に名を残しているのだ、という思いが交錯します。

誰もが「すごい」と言っているから「すごい」と思う価値体験と、個人（これは伊原さんの重要なワードですが）的な愛ともいうべき価値体験をどう切り離すか。もしかすると、モーツァルトもドストエフスキーも、「みんながすごいと言っている」といういわば「同調圧力」の中で何度も吟味してきているうちに「すごい」と思うようになったんじゃないか、と、まるで「中二病」のように思うことがあります。

しかし、大学生の私がドストエフスキーの作品に触れて、その虜になったのは、先生に読めと言われたからだけではない、時代の試練を何度も超えたからだけでもない、「何か」があったはずです。この個人的な「何か」が時代を超えて繰り返し起こらない限り、本物は本物ではない、と思います。そこには伊原さんの核心である「愛」という言葉が重要だと思うのですが、いかがお考えでしょうか。それとも問題の立て方が間違っているのでしょうか。

本物の研究者

これに付随する質問を。これまで世界中の先端の数学者と対話をしてきた伊原さんに伺いたいのですが、「これは本物だ！」と思う数学者とはどんな数学者でしょうか。ちなみに、私が、ああ、この方は本物の人文学の研究者だと思ったときの共通点として、そんな方と会って話したり、そんな人の本を読んだりしたときは、派手なことを一言も言っていないのに、家に帰ってすぐに勉強したくなる、ということがあります。それから、一言一句の選択を何かものを食べるように噛み締めて考えている人に出会って、その味が自分に伝染する、と思ったときも、同様な気持ちになります。ハイデルベルク大学に滞在していたとき、日本学の先生のご自宅にお邪魔しました。丸山眞男《まさお》のドイツ語訳をなさったヴォルフガング・シャモニ先生です。そのシャモニ先生が、私に向けてご自分の収集している江戸時代の資料のお話しをされたとき、近世の書籍を読み込む迫力に気圧されそうになるとともに、この先生の話している言葉が美味しそう！　と感じたのをいまでも覚えています（私の食い意地が張っているだけかもしれませんが）。どちらも自分の勉強してきたことがとても小さいことを知って恥ずかしくなるというよりは、小さいからこそもっと勉強しようと思うようになる、という感じですね。

さて、最後に、「変化と結果との関係に思いを馳せ、変化の規則を知って結果を予測する」という伊原さんの微積の説明がとっても気に入っています。私は確率・統計がまったくダメで、微積は好きだったことを最初のお手紙で書きましたが、微積とはこんな構えなのかと、うれしくなりました。いつか、伊原さんのご専門である整数論についてもっと伺いたいです。

（二〇二二年一月）

I-6 無心で「本物」に向き合う

伊原康隆

年明けのバトン確かにお受けしました。今年もどうぞよろしくお願いいたします。

今回の私の話の順序ですが、以前からの積み残しが前半、ご質問へのお返事が後半となります。やや長い正月増大号です。

その前に、私側の中期構想にも少しだけ触れておきましょう。学習における「習」と「探」の話には能力の問題もからんできます。「探の選択」は「能力の偏向」と切り離せません。そしてそれらを掘り下げて考えるため、「習」と「探」に「能」を加えた三つの間の「三者関係」を考えることに私は興味をもっています。いいかえると学習に限らず日常生活で何かを判断する際に常に問題になる次の三方向の圧力（や吸引力）のバランス‥

「しなくてはならない」「したい」「できるできない」。

そのうちの「したい」が強そうなイタリアの言語文化も参考になりそうです。この話は次回以降に、とウズウズしております。加えて数学がらみの話もいずれオズオズと。これが中期的構想。

記憶力にも種類あり

さて、今日の前半は「記憶力の種類の偏向と理系への選択」の話から始めたいと思います。まず「二通りの記憶力について」。

私はバラバラなものの単純暗記はもともとかなり苦手でした。先天的なのかトランプの神経衰弱での幼少時でのトラウマによってそういうものへの集中を阻害する神経経路ができてしまったのかは定かでありません。そしてこれ自体は、やはり不利なことです——それが他の補充能力の強化を呼び込み、しかもそちらの能力のほうが「より役立つ」分野を見つけてそちらに進まない限り……。ところが記憶力が良いと感心されたこともしばしばあり、その度に心外！と憤慨？　していたようです。一体どういうことでしょうか。私個人の問題と思えばここで取り上げたりいたしませんが、わりに一般性のある問題ではないかと考えています。「ある少年の話」と思ってお付き合いください。

たとえば「雑然と散らかった部屋を見せられて『何がどこにあるかをできるだけ沢山憶えてみろ』といわれた場合に（いやいやでも）沢山憶え得る能力」と「美しく調和がとれた部屋を見てその配置の美しさに印象づけられたために、どこに何があったかを自然に憶えていた」のとは、全く異なる能力ではないかと思うのです。前者は純粋な「機械的記憶力」、後者は、その人の審美感覚が憶え「たい」と自然に願ったこと「だから」憶えているという、「無意識領域の願いの強さ」の問題なのでしょう。前者は受け身ですが何でも来い、後者は自主選択的にしか働きません。もしそれを「記憶が良い」といわれたら「憶えちゃったことだけを憶えているのですが……」としか答えられません。一方の欠点を補うために他方が発達することは大いにあり得ても、両者は根本的に違うと思います。この二つの混同のため、その少年の知的能力への学校での評価にも両極端があったとか。

多くの理系科目の対象は、合理性とそれに基づく調和美をそなえた構造体です。それに音楽を加えた諸科目では、それをなるべく普遍性のあるものに感じとれるように（系統的に）深めてゆくのが「勉強」でしょう。ですからまず自分の審美感覚を信じ「この構造はよくみれば素敵な美しさを持っているはずだから自分の目でもっと直視してみよう」とさえ思えば、ばらばらな記憶力頼りよりもずっと楽に長く印象づけて記憶にも残るのではないかと思っています。全部でなくても多くの場合に、です。私の体験では急ぐ気持ちが一番の敵でした。そもそも「早く済ませたい」は楽しくないことへの対応。選んだ「探」の勉強なら楽しいはずで、楽しいことにはゆっくり時間をかけたいものです。

余談として、他所《よそ》に書いたことですが、かつて東京大学で数学科での講義をしていた頃（一九八〇年代）の話。学期末試験の一つの問題にヒントとして

　手折《たお》らずに観ればやさしい梅の花

と書き添えたことがありました。そのこころは「あわててすぐ手を動かそうとせずに対象をじっくり観て背後にどういう構造があるかを見抜ければやさしく解けますよ」。ちなみにこのヒントは学生たちにもいたく気に入られたようで、続く五月の学園祭でも目玉のテーマとして使われたのでした。答案では期待通りに解いた学生が二人、そして白紙答案にピシャリと見事な返句

　やさしさに手動きもせず梅の花

が一人。「やさしさ」の三つの意味（優、易、易の反語）の重なりを、一緒にそれとなく楽しめ

たのはお互い日本人だから！　皆、今どうしてるかな。

本物の定義？

さて、ご質問の中心「（伊原さんの）本物の定義は何か？」うーん、他の諸々の言葉よりも根源的な「無定義概念」じゃーないの？　と驚きましたが、用いた言葉への反省は必要ですし、「答案」が求められているとなると、こんなところでしょうか。

・実体験を通して深く感じとるもの
・鼓舞する力を持つもの
・無条件に「敬」の気持ちを抱かせるもの

ただしここでは、当初のややこしさを避けるため、対象は「人物」ではなく「作品」としておきましょう。人名を冠する場合は「その作者の幾多の作品と直に接して感じること」の意味にとってください。

無条件に「敬」の気持ちを抱かせるもの、とも述べました。「仮に同時代で同じ専門分野の作品であっても無条件に」を含んでいるわけです。しかしその場合、人間ですから競争意識に邪魔されるかもしれません。ですから、よりハードルが低い（競争意識が生じる余地が少ない）場合にまず本物を実感し「ああ、本物というものがあるんだ」という普遍的な感覚が心に刻み込まれることが肝心なのではないでしょうか。私がかなりの重点を「古典、そしてできれば専門外の」に置いている所以《ゆえん》です。

ここまでは個人への影響の話でしたが、いわゆる古典（クラシック）は、それが広まり時代を経て受け継がれてきたものですね。大抵の場合、まず狭いネック（認められない時代）に阻まれていたようです。メンデルの遺伝の法則は、発表からなんと三十四年も経ってから他の人に再発見されたのでした。モーツァルトの作品ですら、誰にでもわかる即興演奏の素晴らしさを伴っていたからこそ、作曲家としての卓越した力がのちに認められるまで持ちこたえられたのでしょう。あえなく消えてしまったもののほうがずっと多いのではないでしょうか。本人が、というより世界にとって運がよければ、著名人の誰かがそれを「本物」と気づき（シューマンがショパンやブラームスの才能を発見して宣伝したように）強い力で発信し、その噴出力と同調圧力の波によって広まるのでしょう。あのシューマンがそういうのなら、ひいては、多勢がそういうから、とりあえず自分も体験してみようと。

私は、特に若いうちにこういう同調圧力の影響を受けるのは良いことだと思っています。これがないと新しいことはなかなか始まらないでしょう。そして、本物は体験してこそわかるのであり、皆がすごいという古典作品からのほうが本物に出会える可能性がはるかに高いからです。そこから先は個人との相性の問題で、真にその人と合っていれば何らかの新鮮な切り口を自分でも見つけられ、その自分なりの表現もできるでしょう。

逆に、全く知らなかったものをいきなり体験し、顔面蒼白《そうはく》だぞといわれたこともあります。若い頃インドのタタ研究所での研究集会中のある夕方、誘われて音楽会に行き、南インド固有の精緻極まりないソウル音楽に打たれたときです（この詳細はⅢ－4の音楽の話の中で）。

改めて思えば「沈黙を強いられる作品が本物」と言えるのかもしれません。日常語で「ああだこうだ」と形容する気など起こさせない。私が根源的と書いたのは、多分これが念頭にあったからと思います。

ここでもう一つのご質問「（本物の）数学者とは何か」についても、（対象も「作品」ではありませんが）答えの一つをご紹介しておきましょう。若い頃アメリカで聞いた（嬉しくて好きな）説明です。

・ガウスは数学者である。

・ある数学者に数学者だと認められた人は、やはり数学者である。

さかのぼって、作品そのものの特質としての本物の特徴は？　となるともっと難しいですが、私の少ない体験に共通するのは、

見事に統一された構造が裏にあり、それが凝縮された感動を呼ぶ力を与えているもの。たとえば名曲で（沈黙の後、われに返って感じるのは）作品中に大きな変化も微妙な揺らぎもあり、それらが作者のたぐい稀な集中力によって一つの作品に纏《まと》められているのだ、という印象です。藤原さんも厭《いと》われる作者の押し付けがましさではなく、作品そのものの迫力でしょう。

ご書簡を拝読中に、どうやら本物、偽物といった言葉を安易に振りかざす評論家たちによってこの言葉がかなり汚されているらしい、だから藤原さんにとっては使いたくない言葉の一つになってしまっているらしい、とやっと気づきました。しかし、この言葉を、本来の限られた意味でしっかりと感じ取り、本物と偽物の区別に大勢が敏感になる必要性が現在ほど高まっている時期はかつてなかった、という気すらいたします。それで本物という言葉を正面に出しているのです。もし安易な使用に耳を汚されたら、京都なら身近にもある芸術区域に足を運び、

本物と言われている文化遺産に直に接してみませんか？　そんな汚れをきれいさっぱり流してくれる力、これも本物の力のうちと改めて痛感されるかもしれません――私は、何度もそうやって自分を取り戻せてきたと思っております。

無心の子供に帰れ、鼓舞されると本質的でないことはどうでも良いと思える、真横より上空が見える、そして自分を取り戻せる。本物は文化の土壌を作り、そこに根を張る種子の自立をこのように助けてくれるのだ、と思うのです。

くれぐれも、ある基本用語が「汚されているからもう使うまい」ではなく、それを使おうとしている私と白紙に戻ってお付き合いいただければ幸いです。

藤原さんのテーマご選択の系列と新鮮な切り口のご提案には、専門外ながらいつも感銘を受けております。人文科学は（数学ほど）深いところで芸術と密着した分野ではないのかもしれませんが、人間としては同じ。趣味の分野の本物から力を得ることもある（これがその社会の文化度！）でしょうから、他分野の本物にもっと接してみてほしいな。藤原さんは社会での実地体験は私よりはるかに豊富でおられます。では文化芸術方面での実地体験の蓄積と咀嚼《そしゃく》度についての私は？　というと、大したものではないとはいえ、長期間生きてきたお陰でご想像の域を超えているのかな、そんな気がしてきました。

そして根源的なこと「大学は客観的評価ばかり気にせず、より深い実地体験をしてそれを生かせる人物を大切にせよ」という考えは共有していると信じております。

（二〇二二年一月）

I-7 歴史学習における「したい」と「しなければならない」

藤原辰史

「本物とは何か」という直球の質問に対して、フルスウィングでお答えいただきありがとうございます。伊原さんの言葉を読んでいると、これまで私が身につけてきたさまざまな「見方」の重装備ぶりを指摘され、それをいったん取り外していいんだよ、と言ってくださっているようです。これも不思議なのですが、伊原さんとお話をしていると、小さい頃は自分の心に直撃していた「鼓舞する気持ち」や「打ちのめされて、しばらくぼんやりする気持ち」がよみがえってきます。なので、今日からもっと羽を伸ばしてお便りが書けそうです。

重装備を解除する前に弁解を少し。人文社会科学の訓練を受けていく中で、私は、「すべてを疑え」というマルクスのモットー（彼は娘の質問に対してそう答えていたことを、ドイツのトリアーの彼の生家にあるマルクス博物館で知りました）に忠実に、真偽、正否、美醜など、その価値体系の背後にある社会的構造や権力構造を読み取る癖を身につけてきました。前述のことはもちろんとっても大事なのですが、それを内面化しすぎた人文社会学者の一部は、「素直に心が動かされない」という病にかかっているのかもしれないと思うことがあります。

さらに、このような見方には、明らかに限界がきています。とりわけ日本では、優れた例外を除いて、先輩研究者たちの研究との差異にこだわりすぎるせいか、自分のモチベーションが弱い、スケールの小さな作品が増えているような気がします。人文社会科学の作品に接したり、発表を聞いたりする中で、「屈折すること」や「素朴でないこと」が目的になってしまい、「これはたまりません」という純粋無垢な体験が減っているように思えます。私は、ある種の「ポーズ」であり、鎧《よろい》である過剰な屈折が人びとの心に届かない理由だと思い、もちろん事実にまつわる権力性を十分に理解し分析したうえで、諸先輩よりももっと素直に対象と交流できないか、と考えてきました。伊原さんがずっとおっしゃっている素直に作品や対象と出会って、無条件に「敬」が沸き起こるような気持ちですね。

伊原さんにご指摘いただいて思い出しました。大学に就職してからようやくですが、たしかに「沈黙を強いられた」ような瞬間がありました。フランツ・カフカの『変身』を初めてドイツ語でゆっくり読み終えたあと心が躍って眠れなかったこと（修士論文のタイトルに無理やり「変身」という言葉を使い、ナチスの研究なのにカフカ変身論の補論までつけてしまいました）、太陽が燦々《さんさん》と降り注ぐ法隆寺の五重塔の佇まいを眺めて心が安らかになったこと、ローマのサン・ルイジ・デイ・フランチェージ教会でカラヴァッジョの「聖マタイの召命」に描かれた闇の深さにうっとりしたこと。それから私は辰年であることに勝手に縁を感じて下手くそな龍の絵を小さい頃にたくさん描いていたこともあって洋の東西を問わず龍の絵が好きなのですが、曾我蕭白《そがしょうはく》の「雲龍図」を京都で見たときには文字通り息を呑みました。元来芸術音痴の私でも、同僚や家族に教えられて、こんな時間を忘れるような体験を得ることができました。それは文字で表現するという私のささやかな仕事に、直接的ではないにせよ、深い影響を与え続けています。

人文社会科学も、もっと言えば人文学そのものも、数学と同様に、芸術の世界に極めて近いところに存在すると私は感じています。久しぶりに童心に帰って無邪気にじっくりと「梅の花」を眺めることを教えてくれた伊原さんに感謝を申し上げたいです。焦ってはならない、つまり結論を急いではならない、という戒めは、歴史学にもあてはまります。

とにかく、「大学は客観的評価ばかり気にせず、より深い実地体験をしてそれを生かせる人物を大切にせよ」というご意見には諸手《もろて》を挙げて賛成で、客観的評価を文科省から得るために膨大な書類を研究者に押し付けることを続けていけば、近いうちに、日本から優れた研究が出なくなることは目に見えていると思います。

さて、次回はいよいよ伊原さんから数学のお話が聞けるとのことで、楽しみでなりません。

私は、専門の歴史学の「したい」と「しなくてはならない」の連鎖について、少しだけ思うところを述べるにとどめておきます。

私は高校の世界史や日本史で覚えてきたはずの膨大な知識は、学生になって、専門の現代史をのぞいて、もったいないことにほとんど忘れてしまいました。あれだけ一生懸命勉強したのに。やはり、「したい」が少ないにもかかわらず「しなくてはならない」ことを大量にしてしまったツケだと思います。では、高校でどんな歴史教育が理想的でしょうか。来年度から「歴史総合」が始まり、それがある意味の出発点になるのだと思いますが、私はこんなことを考えます。

(1) 歴史家たちの論争に加わる

イギリス近代史を専門とされ、チャリティの研究をしてこられた金澤周作さんを中心に中堅の歴史学者が、高校生や大学生など初学者向けに面白い本を編集されました。『論点・西洋史学』(ミネルヴァ書房、二〇二〇年)というものです。私も参加させていただいていたのですが、どの項目も読んでいて飽きません。第一次世界大戦の原因は何だったのか(ナショナリズム、ドイツの責任、ドイツの金融的脆弱性など)、冷戦の原因はソ連の拡張政策かアメリカの行動か、あるいは別の説明がありうるのか、産業革命によってイギリスの生活水準は上昇したか、それとも下降したのかなど、ワクワクするような問いにあふれています。数学ではおそらく研究すべき課題はある程度共有されているのではと思いますが、歴史学では共通の問いを有していることへの意識がそれほど強くなく、散漫になりがちです。ただ、このように、ひとつの現象にも多方面の見方があり、それぞれがお互いに敬意を持ちながらも徹底的に批判し合ってきたことを高校生たちにも知ってもらったうえで、自分の感覚に基づいて議論に加わってみることは、「したい」という意識が自然に世界史の基本知識の習得につながっていく近道だと思うのです。本物の格闘を実地で体験する、ということでしょうか。

(2) 歴史書の書評を書いてみる

新聞での書評のお仕事をするようになって数年たちましたが、その数百倍もある内容の本を四〇〇字や八〇〇字にまとめて紹介し、自分なりの考えを記すのは結構大変です。一文を削るために数時間かかることもあります。いうまでもないですが、八〇〇字だからといって「はじめに」と「あとがき」だけ読んで書いてもつまらない書評に終わってしまいます。たとえば、高校生に短い歴史の新書を読ませて書評を書かせ、それを一年かけて何冊かやらせてみるというのもよいと思います。なぜなら、日常生活でもそうですが、人に説明しようとしてようやく自分が何を言おうとしていたのかを発見することが多いと思うからです。しかも、歴史書に対する鑑識眼も肥えてくると思います。元来、書評はとてもクリエイティブな作業で、これを生業《なりわい》にされている方がおられるほど、奥の深い仕事です。

（3）自分で歴史の本を書く（つもりになる）

私は京都大学の一般教養科目で「現代史概論」を担当しています。そこで学生たちに講義の初めにこんな質問をします。『〇〇の二〇世紀』あるいは『〇〇の世界史』という新書を書くとして、あなたならば〇〇に何を当てはめますか、副題も考えてください。もちろん学生みんなの前で私が読み上げます。『戦争と平和の二〇世紀』というものもあれば『物理学の二〇世紀』『原子力の二〇世紀』と書く理学部生もいます。面白いのは、『ロックの二〇世紀』や『アクアリウムの二〇世紀』や『タロット占いの二〇世紀』など趣味から入る学生もいて、それを展開したレポートを提出してもらうと、それぞれ自分の趣味と時代背景を連動させて描こうとしていて、そこに「学び」が入ってきます。説得するためには調査が必要ですから。アクアリウムの歴史を知るためには、それを享受した社会層の変化はもちろん、技術史や魚類研究の歴史、さらに、この学生から学んだのは、経済先進国の需要に応じて、南米などで魚の乱獲が見られていることです。こういう学びは、趣味から入っているからこそ、かなり深くなると思います。できることならホッチキス綴じでよいので簡易版の冊子を作ってもらうとなおいいかもしれません。そこで、逆に本を書くことの難しさや困難さを体験してもらえるならば、一石二鳥ですね。

以上、三つほど挙げてみましたが、数学の「学ぶ」とはまた異なる点もあると思います。このあたりでバトンをおわたししますね。

（二〇二二年二月）

I-8　言語文化と学びの心理

伊原康隆

藤原さんの懐の深さにも感銘を受けつつ今回も印象深く拝読いたしました。歴史学における教育上の具体的なご提案にも非常に興味を感じました。数学分野との比較をいろいろ思い起こし、再吟味してから改めてご質問したいと思います。

習、探、能の心理面のバランスは?

今回は予告のように

「○○しなくてはならない」「○○したい」「○○できる」

について、主に心理面から考えるスタートを切りたいと思っております。さしあたり糸口だけですから今後どんどん突っ込んでください。まず、これら三要素とその区別をはっきり意識し「対等に重要な要素」とみなしましょう。その上でそれらの間の相互作用を心理面から探ってみたい。でもまずは用語の吟味と選択からでしょう。ところが日本語での適切で簡単な用語が、私には容易に見出せないのです。そのわけが、歌曲への興味から少々勉強したイタリア語の文法から、あるとき、わかったぞという気がしました。

日本語では右記の表現のように○○が先行するので、○○モニャモニャになってしまいがちで、「自分のためにこそ、そのモニャモニャをはっきりさせることが重要だ」という意識を伝統的に持ちにくいのではないか、と。対してイタリア語では語順が逆で、構文は

D○○　V○○　P○○

となり、先行するD、V、Pはそれぞれ「しなくてはならない」「したい」「できる」にあたる「動詞」です。この語順はイタリア語に限りませんが、イタリア語ではD、V、Pは重要な「三つの特殊な動詞」として文法的にも特別な地位を与えられています。従属動詞と訳されて

いますが、従属するほうではなく、従属させるという意味です。それによってまず「しなくてはならない」「したい」「できる」のどれか一つを唱える、そして直後に○○が続きますがこれも動詞の不定形です。ただし会話では控えめがよいのはイタリア語でも同様で、D、V、Pにも条件法など婉曲表現形が使われはしますが、自分の心情がどこにあるかの自意識の区別はっきりしていると思います。

D、V、Pの不定形はそれぞれdovere, volere, potereで、語源的にデューティー、ボランティア、ポテンシャルと通じています。「行きたい」はvolereの条件法のvorreiを使って“vorrei andare”など。なお「できる」には「知っている」に通じるsapere（ホモ・サピエンスのサピ）もあり、習得した知識や技能などに使われますが、こちらはやや静的ですので、ここではより動的でポテンシャルとも繋がるpotereに代表してもらうことにします。どうやらイタリア語文化圏では、これらの相互関係とバランスを意識する機会が我々より多いのではないかと感じます。とにかく自らの行動の指針を考える際、これら三つの動詞は普遍的なキーワードではないでしょうか。習における「習と探」で考えを整理する際にもD、V、Pを三方向の力とみなすと考えやすくなるだろうというわけです。

それぞれを細分化してみましょう。するとDは細分化された具体的な課題、Pはそれが求められる時間内に出来るか、になる。他方Vは最初は「夢」と言われるぐらい無限遠方にある、とはいえDやPと連携するにはVも細分化されていないと力を発揮し難い。Vの目標を段階分けし細分化してそのときどきの自らの課題Dとなす。知恵のしぼりどころでしょう。逆にDであったのがあるきっかけによって「Vスイッチオン」になるなど、入れ替わりや融合もあるわけです。この三つがバランスよく成長しながら生きていければ理想的ですが、なかなかそうは……。学校時代の主なDは、本来は生徒のPを伸ばすためのプログラムですが、個人差があるため個人個人のPの成長とは繋がりにくい部分を抱えていますね。そこに生徒側から別方向のVが生じるのでしょう。

そして常識路線は「Dの意向に沿ったPの成長を努力目標にとり、それに従ってDとVを調整せよ」ではないでしょうか。私は、むしろ「Vの(根を深める)成長」を主眼にしたらどうか、と思っています。「イタリア的情熱を日本的に多少コントロールして」かな。まず初期のV。これは当初の強い憧れであっても自分のPとはマッチしないことが追い追いわかってくるかもしれない。それでも初一念を貫徹しようとする美学はちょっと狭すぎて危険なようです。むしろDとPのせめぎ合いの中でV自体の根の行先を調整しながら到達するのが本当のVでは

ないのかな？

さて前回、理系における感性の話をいたしました。数学の具体例は？　いやー、若い頃に研究者の卵として在米中、パーティーで一般のご婦人から

「何をしているのか？」

（小さな声で）「マセマティクス」

「オー、マーセメアッティクス」（「ア」にアクセント、笑顔ながら額をしかめて）

という体験もありました。「数学は大の苦手、でも数学者はかわいいところもあるから、数学の話さえしなければＯＫよ」という雰囲気。でも今は仕方がありません。藤原さんに問うていただきましたし、「理系での感性の話」の続きとして「ＡＩに出来ることとの対照」の話題をいずれ取り上げなくては、と思っておりますので今日はその手始めを。

1

数学は自ずと広がる世界

複素数の導入がその一つです。２次方程式の解法で習う「２乗して -1 になる仮想的な数 i」「何これ？ 無いものをあるといいくるめる勝手な指導者の教え？」

いや、違います。最初の動機はともあれ「直線状の数しか見えていなかった人類が平面状の数も見えるようになった」というのが正しい解釈だったのです。まずメモリをつけた直線上の点であらわされる実数の範囲で「-1 倍は、方向の 180° 反転（原点を中心とした）」というのはよいでしょう。では平面上で考えて「（たとえば）左に 90° 回転」はどうでしょうか。「左向け左！」を２回繰り返すと「後ろー、向け！」と同じですから、もしこの動作を新しい数 i で表し「２つの動作の連動」を「対応する数たちの積」で表せるのなら、この場合 i の２乗は -1 になるでしょう。そうです。虚数単位と呼ばれる数 $\pm i$ は（その符号に応じて左右への）90° 回転だったのです。数学者の合宿での左向け左は「アイをー、掛けろ！」かどうかは知りませんが。大切なのはこの

「数は直線」思考から「平面思考での新しい数」

への発想転換です。回転の角度は直角とは限りません。より一般の「複素数」を考えれば一緒に扱えます。ここで複素数とは、２つの実数 a, b と文字 i を用いて形式的に $a+bi$ と表せる数のことです。これらに和、差、積を、普通の演算の規則で、ただし等式 $i^2=-1$ をあわせて、定めたものです。たとえば $(2+i)$

$(2-i)=4-i^2=5$ というわけです。$b=0$ の複素数は実数 a と同一視します。また $0+0i$ を複素数としての 0 と考えれば、0 以外の複素数による割り算も、(以下の等式により) 可能です。

$$\frac{1}{a+bi}=\frac{a}{a^2+b^2}+\frac{-b}{a^2+b^2}.i$$

そして幾何と結びつけるため「複素平面」という言葉も導入されました。それは平面に (x,y) 座標系を入れ、点 (a,b) と複素数 $a+bi$ とを対応させるのです。x 軸上の点は実数、y 軸上の点は純虚数 (bi 型の数) と対応します。0 以外の複素数 $z=a+bi$ の「極座標表示」とは、正の実数 R と角度 t を用いた

$$z=a+bi=R.(\cos(t)+i.\sin(t)) \quad ①$$

なる表示です。R は原点からの距離 $\sqrt{a^2+b^2}$、t は原点からこの数に向かう直線を x 軸の正の方向から見た角度、sin, cos は三角関数のサイン、コサインです (弧度法：360° の代わりに 2π を用いる)。

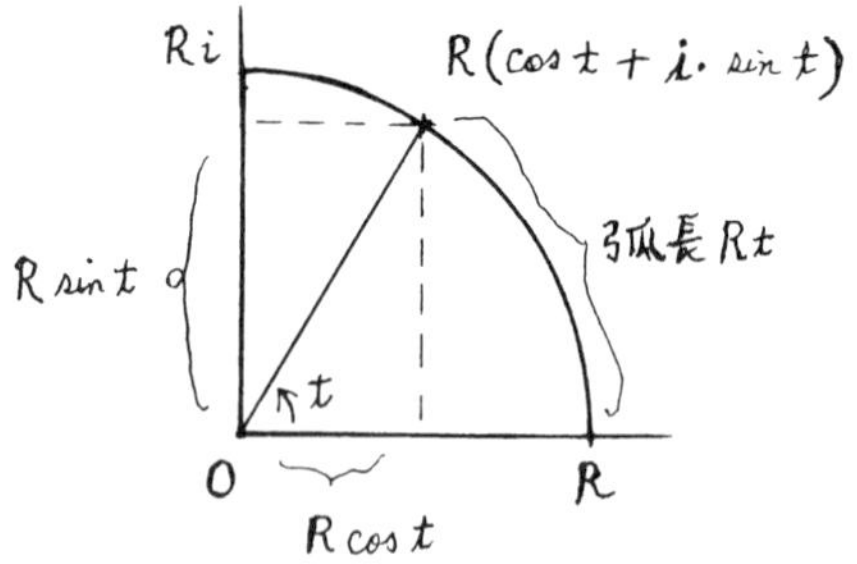

R は z の絶対値 $|z|$ とよばれ、t は（2π の整数倍の曖昧さがあります）z の偏角 arg(z) とよばれます。例えば $|i|=1$, $\arg(i)=\pi/2$。極座標表示によって複素数の積の幾何的意味が明瞭になります。この z ともう一つの複素数

$$z' = R'.(\cos(t') + i.\sin(t'))$$

の積は、三角関数の加法定理によって

$$zz' = RR'.(\cos(t+t') + i.\sin(t+t')) \quad ②$$

で与えられますから

積の絶対値は絶対値の積、積の偏角は偏角の和

という関係です。特に「i を掛ける」は原点から見て「左に直角に回転」、また任意の $n=1,2,3,\cdots\cdots$ に対して

$$z^n = R^n.(\cos(nt) + i.\sin(nt)) \quad (n = 1, 2, \cdots\cdots) \quad ③$$

が導かれ、これは今日の最後の話とつながります。

幾何と代数

複素数は代数、解析、幾何を結ぶ重要な対象です。その中で数学以外の分野の方々にも垣間見ていただきたいのは特に解析的側面なのですが、それは後に回し（Ⅱ-6）、今回は代数がらみの「さわり」だけにいたしましょう。上の公式③から、

4

$$\zeta = \cos(2\pi/n) + i.\sin(2\pi/n)$$

と置くとき、n次方程式 $z^n-1=0$ の複素数解は

$$\{1,\zeta,\zeta^2,\cdots,\zeta^{n-1}\}$$

の n 個であり、これらは0を中心とする半径1の円周を n 等分する複素数たちです。幾何学における正 n 角形の作図問題と代数学における方程式 $z^n=1$ の根の問題とがあざやかに対応しているのです。次の図は $n=5$ の場合です。

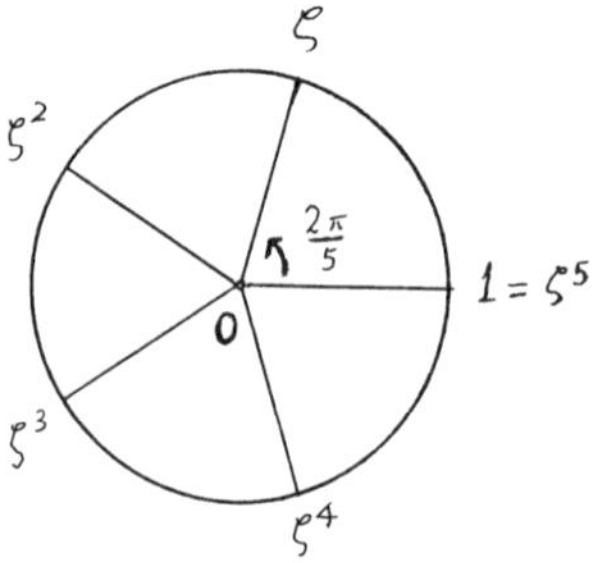

$$\zeta = \cos\frac{2\pi}{5} + i\sin\frac{2\pi}{5} = \frac{\sqrt{5}-1}{4} + \frac{\sqrt{10+2\sqrt{5}}}{4}i$$

これを具体的に活用し従来知られていなかった正多角形の（定規とコンパスによる）作図可能性を指摘して一躍有名になったのが若い頃のガウスでした。たとえば $z^{17}-1$ を $z-1$ で割ると16次多項式になり、それを解くには（$16=2^4$ だから $n=5$ の場合と同様に）2次方程式を（この場合は）4回解けばよく、結局平方根をとる操作だけで解が求まる。だから正17角形は作図可能。逆に n が素数で $n-1$ が2の冪《べき》でないときは（定規とコンパスだけによる）作図は不能ということも証明されました。ポイントはその手法自体の普遍性にあります。幾何と代数

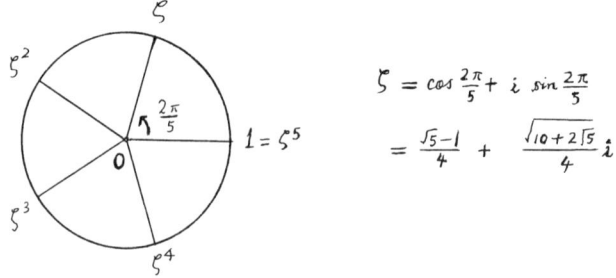

の上記の関連性、それに加えて、方程式を研究するには（この場合 n 個ある）根たちの間の関連性を知ることが有用だ、という認識です。この方向を深く開拓したのは19世紀前半のアーベルやガロアでした（Ⅱ-8）。

代数面での複素数の役割についてもう一つ追加しますと、

定数でない任意の多項式 $f(z)$ に対し、複素数の範囲では

方程式 $f(z)=0$ は必ず根をもつ

という代数学の基本定理（ガウス）があります。多項式の係数は複素数でも構いません。そしてこの証明も複素数の微積分を使えば実に簡単です。「解を探す」のではありません。アイディアは、仮にそうでないとすると $1/f(z)$ は複素平面全体の上の解析関数として「どこでも無限大にならず無限遠点では0に近づく」という、恒等的に0ではないのに「あまりにも都合が良すぎる性質をもってしまうから矛盾」というだけなのです。

対象の枠の自然な広げかたに気づき、その視野で関連性を見る、これこそ「ＡＩにはできない」人知でしょう。この話にもまた戻ってきたいと思います。藤原さんの前便へのリスポンスには残念ながら吟味時間不十分でしたが、引き続きどうぞよろしくお願いいたします。

（二〇二二年二月）

•

I-9　ウクライナ侵攻について

藤原辰史

今回は、歴史学者が現在の出来事をどうとらえるか、そのおりにどう歴史を学び直すのかについてのお話をさせてください。しかも、伊原さんと議論していたことが、現状を知るうえで役立ったこともご報告したいと思います。長いお手紙になりますが、お許しいただきますようお願いいたします。

歴史学の営みは、単に過去の事実を学ぶのではなく、過去を通じて現在を理解しようとする試みでもあることは、よく言われる通りです。

今回、ロシアがウクライナに侵攻したという衝撃的な事実を前に、私たちはどう頭を整理できるのか。歴史学をはじめ人文学の知は、このようなときに、悪い意味にも良い意味にも威力を発揮します。悪い意味、というのは、歴史の歪曲《わいきょく》と国威発揚《こくいはつよう》と「非国民」の確定のために用いること、良い意味というのは、過去の愚行の背景を知り、現在に生かすために用いること、と取っていただいてかまいません。
この問題が起こる前にウクライナ情勢について私が考えたことは、『毎日新聞』で書きました。少し長いですが、ここに引用します。

ウクライナ危機を前にして

生活と文化と歴史への無理解が危機を招く

ウクライナ情勢を少しでも好転させるためには国際的な世論形成が重要であり、G7の一員である日本が果たす役割は大きい。だが、日本の政治家も全国紙も分析が欧米中心的で独自性が弱い。提案だが、生活科学歴史も含め新聞の全欄総動員でこの危機の特集を組むのはどうだろう。

今、ウクライナ危機に関わる記事は北大西洋条約機構(NATO)とロシアの勢力の対立というチェスのようなゲーム的分析の性格が強すぎて、ウクライナとそこで暮らす人びとの生活と歴史へのまなざしが弱いように思う。結局、為政者たちと同じ「上から目線」に見えてしまう。

「国家の名誉にかけ」「崇高な理想」を達成すると憲法に書いてある日本[*1]は、崇高な理想が語りにくい殺伐とした時代だけにいっそう、知性が試されていると強く意識すべきだろう。これこそ日本らしい国際的平和貢献ではないか。

私は危機から現実逃避をしたいわけではない。一九三八年九月の世界史の転換点を思い浮かべているのである。アードルフ・ヒトラーがチェコスロヴァキアのズデーテン地方を要求しドイツ軍を国境付近に集中させたとき、この事態を話しあうミュンヘン会談では戦争回避と引き換えにイギリス、フランス、イタリアはズデーテンをナチスに差し出した。それから半年後にヒトラーはチェコスロヴァキアを丸ごと併合したが、このとき併合された地域の生活と文化と歴史への理解が西欧の政治家には決定的に欠けていた。ヒトラーの資質や性格ばかりが話題となり、パワーポリティクス（国家が権力や武力を競い、そうした力を行使することで主張を通したり、目標を達成したりしようとする政治）にのっとり、小国をいけにえにささげる大国意識が、ヒトラーをつけ上がらせた面もあったと思う。

個人に焦点を当てすぎる世論

今の国際世論もあまりにウラジーミル・プーチン個人に焦点を当てすぎではないか。その最たる例が世界中で人気の歴史家ニーアル・ファーガソンだ。彼は「クーリエ・ジャポン」で、プーチンはスターリンの独裁を目指しているというよりは、ウクライナとスウェーデンの連合軍を一七〇九年の「ポルタヴァの戦い」で破ったピョートル大帝が理想だと説明している（『プーチンは〝ウクライナ戦争〟で何を目論んでいるのか』歴史学者ニーアル・ファーガソンが読み解く」『クーリエ・ジャポン』講談社、二〇二二年二月十七日）。

この議論から学ぶことはあるが、見方がやはり人物の分析にかたよりすぎている。これでは国際世論は一九三八年を再現してしまう。自分の国の偉大さを軍事力でしか他国に見せることができないプーチンたちの政治を骨抜きにする歴史的社会的観点の大事さこそ、八十年前に学んだ教訓だと思う。この意味で、『朝日新聞』の国末憲人記者の現地取材記事は興味深

*1
日本国憲法の前文には次の記述がある。
「日本国民は、恒久の平和を念願し、人間相互の関係を支配する崇高な理想を深く自覚するのであつて、平和を愛する諸国民の公正と信義に信頼して、われらの安全と生存を保持しようと決意した。われらは、平和を維持し、専制と隷従、圧迫と偏狭を地上から永遠に除去しようと努めてゐる国際社会において、名誉ある地位を占めたいと思ふ。われらは、全世界の国民が、ひとしく恐怖と欠乏から免かれ、平和のうちに生存する権利を有することを確認する。

われらは、いづれの国家も、自国のことのみに専念して他国を無視してはならないのであつて、政治道徳の法則は、普遍的なものであり、この法則に従ふことは、自国の主権を維持し、他国と対等関係に立たうとする各国の責務であると信ずる。

日本国民は、国家の名誉にかけ、全力をあげてこの崇高な理想と目的を達成することを誓ふ。」

い（『朝日新聞』二〇二二年二月十六日『侵攻近い』身構える首都 ウクライナ、避難準備の住民も」）。ウクライナの首都キーウ（キエフ）から西部に逃げる準備を整えている二十九歳の公的機関の職員は「明日は美容院に行きます。殺される時は美しいままでいたいですから」と答えたという。サイバー戦による情報網切断に備えてか、トランシーバーも購入した。「美容院に行く」という私たちと地つづきにある生活感覚から、この侵攻の暴力を感じなければならない。

他方で、真っ先に標的になると言われている国境の村で四十七歳の看護師は、五階の窓から見えるロシア側には「兵器なんか全然ない」と言い「米国よりロシアの言うことの方が信頼できる」と断言する。ロシア人が少数派のこの地域では、近年高まるウクライナのナショナリズムは脅威に感じるのではないかと私は考える。

モスクワは、古都キーウを中心とするルーシ（キエフ＝ルーシとはキエフ大公国の正式名称）の辺境だったが十五世紀から力を増しルーシの諸公国を併合した。ウクライナはそのモスクワを中心とするロシア帝国、ポーランド・リトアニア共和国、ハプスブルク帝国、オスマン帝国のはざまで分裂と統合と戦争をくりかえした。やっとウクライナ人民共和国として独立したあともボリシェヴィキと戦争し、結局ソ連（ソヴィエト社会主義共和国連邦）の一部に組み込まれ、ようやく独立を果たしたのは一九九一年のこと。ウクライナ議会の名「ラーダ」は、コサックの参加者平等を原則とする会議の名が由来だ。

「土の皇帝」と名高い黒土チェルノーゼムが豊かな生産力を誇っていたがために独ソ双方の欲望が露骨に向けられたこと、ソ連の穀物の強制徴発で数百万人が餓死した歴史も見逃せない。なお、現在のような世界的な土壌劣化の時代にウクライナが焦点になる意味はもっと考えられてよいが、そんな報道も少ない。

以上の歴史から、現代史家のティモシー・スナイダーは、ヨシフ・スターリンとヒトラーに何度も踏みにじられたウクライナを含む中東欧を流血地帯と呼んだ。あのチョルノービリ（チェルノブイリ）原発が、ベラルーシ国境の近くに存在したことも忘れてはならないだろう。

日本独自の国際世論を

そして、そんな歴史のなかで生まれたハイブリッド文化に危機克服のヒントはないだろうか。世界的ピアニストのヴォロディーミル・ホロヴィッツはウクライナ系ユダヤ人である。ピョートル・チャイコフスキーはウクライナ・コサックの血筋で、交響曲第二番は採譜されたウクライナ民謡が取り入れられている。ヴァーツラフ・ニジンスキーからセルゲイ・ポルーニンまでバレエダンサーも輩出している。小説家・劇作家のニコライ・ゴーゴリもウクライナ中部の小地主の出身だ。

こんな危機のときだからこそもっと非英語の情報を、歴史や文化や生活や科学も含めて集め発信すべきだろう。欧米が過剰に危機をあおっていないかと一歩引いてみる記事は独立系メディアを除いて日本で少ないのが気になる。歴史や文化にはその冷静さを保つヒントがある。幸いにも日本の中東欧史・スラブ史の研究レベルは高水準だ。専門家の知性に耳を傾け、日本独自の国際世論形成を試みたい。

(『毎日新聞』二〇二二年二月二十四日朝刊「時論フォーラム」に加筆)

この新聞記事の校了は掲載の前々日でしたので、侵攻を止めるための国際世論の形成について書くのが精一杯でした。先週、この記事を読んでくださった伊原さんから、ミシマ社を通して、ウクライナの歴史について語ってほしい、とご依頼がありましたが、「ウクライナの歴史」という固定した物語を語ること自体が、ウクライナをめぐる中東欧の複雑な関係性を捨象してしまう危険性があるので、今回は、人文学的な立場から、できるかぎり冷静に、目の前で起こっていることについて語りうることだけを記したいと思います。

第一に、ロシアの軍事行動は、純然たる国際法違反です。

しかも、武器を持たない文民に、妊婦や胎児や乳児にさえもミサイルで攻撃するなど言語道断です。子どもたちも攻撃を受けて亡くなったり、武器の破片が頭部にめり込んだりしています。難民たちが避難するために交渉で定められたルートも、ロシア軍によって安全が守られていません。

ザポリージャにせよ、チョルノービリにせよ、原子力発電所からの放射性物質の拡散をウクライナとヨーロッパに対する脅迫に用いるなど、どんな言葉によっても正当化することはできません。国連の安全保障理事国の蛮行であり、世界最多の核兵器を保有する国の蛮行であるということが世界中の人びとから安眠を奪います。

第二に、ロシアとロシア人を同一視してはならないことです。

プーチンの支持率が高いと報道されているとはいえ、ロシア人の中には侵攻反対やプーチン批判を表明して、警察に逮捕された人びとも多いと報道されています。国内には、プーチンに公然と反対を唱えた企業もありますし、プーチンを大統領に指名した故ボリス・エリツィン大統領のファミリーもプーチンを批判しています（石川一洋「ウクライナ軍事侵攻とプーチン体制」NHK解説委員室）。

プーチン政権は、国民が自分の言葉を論理的に支持してくれるという自信がないからこそ、強権的振る舞いをしているように見えてなりません。

三月八日の国際女性デーで戦争に反対するプラカードを掲げた女性を、黒い重装備の警察官たちが捕まえている映像を見ました。また、ロシアの都市ニジニ・ノヴゴロドでは、何も書かれていない白い紙を掲げただけで女性が警官に拘束されています。

このような警察の国家暴力の中で反対の意思を表明する人たちと、私たちのような遠い場所から意思表示をする人たちは、その重さが決定的に異なるとはいえ、抵抗者たちへの連帯を示すために、仲間たちと一緒に、さまざまな方の助けを借りながら、声明を一〇言語で発信しました。

すでに多くの大学や学会がそれぞれの立場でユニークな声明を発表していて大いに触発されましたが、これらのように、傍観者的立場を排し、時代のうねりの中にあって発信する行為は、のちに批判を受けるプロセスも含めて、学問的にもとても重要だと思います。

第三に、プーチンは「クレイジーだ」「病気を抱えている」という言説には最大限の警戒心を持ちたいということです。

もしかすると何らかの病いを抱えているかもしれませんが、それを知ったところで今回の侵攻の背景を正しく理解することにはつながりません。「あいつはクレイジーだ」という言葉にいちばん癒やされるのは、自分の行動はすべて理性的だと思い込んでいる人や、歴史の重みを直視する勇気を持たない人です。そのような態度は知的ではありません。

しかも、そのような態度が同じ過ちをくりかえすことにつながります。ドイツで在外研究をしていたとき、目の横に指をさして「あいつはクレイジーだった」とヒトラーを評する人に何人か会ったことがあります。ですが、ヒトラーがクレイジーだったので第二次世界大戦と大量虐殺が起こったという説明では、誰がヒトラーを支持したのか、どういう国際情勢がヒトラーを追い込んだのか、という問いが消し飛んでしまい、それは歴史の皮相な理解でしかありません。このような理解は、人災を自然災害のようにとらえてしまうことになり、暴力の前には外交も言葉も無駄であるという粗野な思考に陥ります。

歴史を学び直すこと

第四に、では、どういう背景を学ぶべきか。

私も、ナチズム研究や農業史研究の枠内で、とくに『トラクターの世界史』（中公新書、二〇一七年）の執筆時に、ウクライナがスターリンとヒトラーのはざまで経験した大飢饉や戦争による破壊を考えてきたにすぎませんから、わからないことがあまりにも多いです。自分の無知と言語能力の貧弱さを呪う日々です。

こういうとき、頼りになるのは、数学もそうだと思いますが、信頼すべき研究仲間ですね。この間、すさまじい量のウクライナやロシアの情勢に関するメールがポーランド史を研究する歴史学者の小山哲《さとし》さんから流れてきて、それを毎日読んで学んでいます。歴史は一度学んだら終わりではない、学び直して、点検し、少しでも改善し続ける努力が大事だとあらためて気づかされます。

以下は、新聞や雑誌や書籍を読んだり、あるいは、職場や別組織の研究会でロシアや中東欧の歴史学の専門家たちから学んだりした途中報告ですが、最低でも、NATOと欧米諸国の三十年（つまり、冷戦終結後の軍事行為）を考えるべきだということをひしひしと実感します。

まず、ソ連が崩壊し、ロシアが仮想敵でなくなったはずなのに、NATOは、その存在意義の再定義をロシアが理解できるようなかたちで提示できませんでした。欧米諸国はこの三十年でロシアと良好な関係を築くことができないまま今日に至りましたが、それはロシアのせいだけではありません。

たとえば、冷戦終結から約十年後の一九九九年三月、米国大統領のビル・クリントンは、ドイツ首相のゲアハルト・シュレーダーらとともに、ユーゴスラヴィアのセルビア系住民に対するNATOの空爆を国際連合の許可なく実行し、それを七十八日間にわたって続けました（コソヴォ空爆）。アルバニア人の虐殺を推し進めるユーゴのスロボダン・ミロシェヴィッチをヒトラーに見立て、ユーゴのアルバニア人への弾圧や難民流出は人道的破局である、という論理で空爆を仕掛けました。しかし、この空爆は、セルビア系による民族浄化をかえって悪化させたと言われています。「人道のための軍事介入」や「平和維持活動」という冷戦終結後のNAT

Oの論理が、いまロシアによって用いられていることを考えずにはいられません。
私が愛読する歴史書の書き手であるギリシア近現代史の専門家のマーク・マゾワーは、『バルカン――「ヨーロッパの火薬庫」の歴史』（井上廣美訳、中公新書、二〇一七年）でこう述べています。

湾岸戦争で初めて明らかになったように、欧米諸国は戦争そのものを派手な見世物であるかのごとく見なすようになっている。コソヴォとセルビアに対するNATOの介入は、人間が関与していないかのように見える遠隔操作技術を利用して、今や軍事作戦が敵味方ともに最小限の死傷者と流血ですむことを欧米の大衆に納得させようとした。おそらくこのようにして、戦争そのものからも、かつての社会的暴力と同じように、人間的側面の排除が進行中なのだろう。
（二五九頁）

これは、民族浄化を起こした「バルカン」を取り立てて暴力的だと形容する欧米諸国も、ヒトラーの時代の前後から、民間人を巻き込んで最新の技術を使って目立たぬように残忍なことをしてきたのではないか、バルカンに住む人びとの本性が野蛮というわけではない、という文脈で読まれるべき一節です。

ロシア軍による民間人の殺害も、子どもをミサイルで殺すことも、自分こそが人道的で民主的であるというアピールも愚の骨頂ですが、欧米諸国がイラクやコソヴォでおこなった蛮行もその評価から本来は逃れられるようなものではありませんでした。

何度もくりかえしますが、以上のようなことがロシアの現在の侵攻に正当性を与えるのだと言っているのではありません。あくまで現状理解の背景にすぎません。ただ、このような経過の理解を抜きにプーチンの「クレイジーさ」をいくら強調しても、あまり意味がないと考えているのです。

イラク戦争で、アメリカ軍が空爆によってイラクの子どもたちを含む非武装の市民（空爆のバグダッドで撮影を続けた綿井健陽監督の映画「Little Birds イラク戦火の家族たち」で、子どもを空爆で三人失った父が頭から血が流れ続け死にゆく子どもを抱えて「これが大量破壊兵器か！」と叫ぶシーンを思い浮かべます）を殺した罪が消えたわけではありませんし、消してはならないと思います。結局、米英が空爆の根拠としたイラクの「大量破壊兵器」も存在しませんでした。

イラク戦争のとき、「アメリカの蛮行を認めぬ」と日本の首相やその周辺の政治家が言ったでしょうか。「イラクの難民を受け入れる」と言ったでしょうか。岸田文雄首相はいま「ロシアの蛮行を認めぬ」とか「ウクライナからの難民を受け入れる」と世界に向けて表明しているのに。

このような歴史をふまえることでようやく、私たちは、ロシアの蛮行を、欧米諸国から借りてきた人道主義者の仮面をかぶることなく、心の底から非難し始めることができると思うのです。

そして、自分たちの立ち位置を確認したうえで批判するほうが、現状のロシアだけを見て批判するよりも、よほど強力で核心的なロシア批判になると考えます。たとえば、ロシアも結局、欧米のやり方をまねることでしか自分を主張できていないこと、ロシアの支配者は、自国の偉大な文化からそれを乗り越える思想の一片も学び取れていないことを指摘できるはずです。

第五に、これは旧来の戦争観では追いつかない事態であること。

まず、コロナ禍の軍事侵攻である、ということ。これが、ウクライナ・ロシア双方に感染を広めることは間違いありません。また、体を清潔に保つことが難しい難民たちの逃避行の中で、感染リスクはいっそう高まりますし、すでに病気を抱えている人びとにとっては、精神的な苦痛も相まって、重症化の危険性は二倍にも三倍にもなります。

さらに、ロシアのやり方は、サイバー攻撃、情報戦争、無人機、原子力発電所の包囲など、新しい「ハイブリッド戦争」であり、生活の前提を破壊するので、乳幼児や病者のような生活の変動に弱い人であればあるほど被害は大きくなります（廣瀬陽子『ハイブリッド戦争』講談社現代新書、二〇二一年）。しかも数日間で終わらせるはずだった電撃戦は失敗に終わりましたから、今後ますます生活基盤の破壊は激しくなるでしょう。

最後に、日本はすでに、ウクライナで起こっていることの当事者である、ということです。隣国のロシアへの、史上稀に見る経済制裁に加わったことによって、ロシアからは非友好国として認定されました。今後、日本の小麦や原油をはじめ生活必需品の価格も上がるでしょうし、インターネットで世界と接続している日本もサイバー攻撃の対象から逃れられません。二〇一五年九月に成立した安保法によって集団的自衛権の発動が憲法の解釈によって認められましたから、直接日本への攻撃がなかったとしても、アメリカの戦争に加わるシステムがすでに整備されています。

また、すでに台湾での武力衝突を想定した要塞化が進んでいる日本の南西諸島についても、あまりにも本土の人間は無関心です。昨年末に明らかになった日米共同計画の原案によると「有事の初動段階で、米海兵隊が鹿児島県から沖縄県の南西諸島に臨時の攻撃用軍事拠点を置くとしており、住民が戦闘に巻き込まれる可能性が高い」のです（『沖縄タイムス』二〇二一年十二月二十四日朝刊）。「日本を守る」と言いながら、結局は国民を、とくに沖縄の人びとを犠牲にする態度を安保法制の審議当時の首相らの説明から何度も感じましたが、それはこのようなかたちで具現化され始めています。

東日本大震災のあとも原発を稼働し続け、いまだに核武装を訴える政治家を抱えるような危険きわまりない日本列島で、どのような心持ちでいればウクライナで起こっていることに対する単なる「傍観者」でいられるでしょうか。

核兵器の恐ろしさは、その使用である前に誤用であることを歴史は教えています。冷戦期、核兵器は、憎悪ではなく、単純ミスや確認の怠慢によって、何度も破局をもたらす寸前まで人類を追い詰めたことはあまり知られていません。冷戦期の核兵器管理の担い手にアルコール中毒や薬物中毒者がいたのは、この緊張感ある管理に耐えられなかったからだと言われています。原発が多数存在するウクライナでのミサイル攻撃が、小さなミスでどれほどの災厄に発展するかはいうまでもないでしょう（エリック・シュローサー『核は暴走する――アメリカ核開発と安全性をめぐる闘い』布施由紀子訳、河出書房新社、二〇一八年）。

伊原さんの言葉を借りれば、歴史を知りたいという気持ちと歴史を学ばねばならないという心の動きがいまほど触れあいやすいときはないでしょう。[*2]

歴史を知ることはそのまま自分を知ることにつながるからです。

さらにいえば、いまはプーチンを批判する日本の有権者たちは、日本政府を批判する人間を

---

*2　学びにおける「したい」と「しなくてはならない」の関係については、Ⅰ-8「言語文化と学びの心理」（前半、六二頁）を参照。

排除し、気に入らない報道に介入して、気に入らない人物を左遷して、日本学術会議の会員から政府批判者を排除して、表現の自由を制限するような人たちを選んできた自分を、どう考えるのでしょうか。あるいは、そのような危機的な状況であるにもかかわらず、貴重な一票を放棄した人はそのことを、どう正当化するのでしょうか。

プーチンが署名した「ロシア軍の行動に関して偽情報の拡散を禁じる法律」は、戦争や侵略という言葉でこの行為を批判すると訴追される法律ですが、率直に言って、二〇二一年度の報道の自由度が六七位（国境なき記者団「世界報道自由度ランキング」）である日本がこのような言葉狩りから自由であるとは思えません。

そんな政治を放任すれば日本の政治家も容易に「プーチン」に行き着くことを、つまり、イエスマンに囲まれているうちに「プーチン」になりうることを今回学んでいないとすれば、日本の未来は暗いとしか言いようがありません。

では、私たちは、どのようにして、災厄を終わらせる国際世論を築けるのでしょうか。フェイスブックが容認したように「プーチンを殺せ」とみんなで叫ぶことでしょうか。「ロシアを叩き潰せ」と合唱することでしょうか。

そうは思いません。そんな言葉を、プーチンはむしろ待っているのではないでしょうか。これで恨みっこなしだ、というときを彼は待っているのではないでしょうか。心が乱れるいまこそ、わかりやすい図式に飛びつくのではなく、複雑な現象の複雑さに目を凝らし、心を落ちつかせて、「学ぶ」ことが重要ではないでしょうか。

ところで、冒頭で申し上げたように、私は今回のことを考えるうえで伊原さんの言葉に助けられました。伊原さんが文系の私にも届くように言葉を尽くして「虚数」について説明をしてくださった、その仕方に、[*3] 心乱れる時代に学ぶヒントがあるように感じました。

二乗すると-1になる虚数iとは、名前に「虚」が入っているにもかかわらず、いや、それだからこそ実に奥深いものですね。

「平面思考としての新しい数」、つまり、数を直線上で前後するものとして考えるのではなく、数を平面としてとらえることを可能にした、という説明は、高校三年生で虚数にちょっと触れただけだった私にとって、とても鮮烈に響きました。iの発見で、これだけ数の世界を拡張できるのか、と。

芸術を深く愛する数学者の伊原さんだからかもしれません。$a+bi$は、すくなくとも、前進と後進しかできなかった自動車が、ついにハンドルを獲得した、ということだと理解しました。

いまのウクライナの状況を考えるときに必要なのは、元首相が唱えた核共有論というような

*3　Ⅰ-8「言語文化と学びの心理」（後半、六七頁）を参照。

「前進か後進か」の論ではありません。

「景気回復、この道しかない。」という同じ人物の言葉と同様に、それはハンドルのない車の論理、プーチンと同一線上にあって、それと正面衝突するしかない論理です。

「学ぶ」とは「ハンドル」の操作を覚えること、と言えるのではないかと思います。重要なのは、前進か後進か、という二者択一を突きつける社会そのものを揺るがす論理の所在を指し示すことです。

私が、『毎日新聞』の記事で、ロシアの侵攻が迫る状況でウクライナの音楽、舞踊、小説、歴史、地理、農業などについて触れたのはそういう意図がありました。

私は記事発表のあとに、プーチンが二〇二一年七月十二日に、ロシア語、ウクライナ語、英語で発表し、クレムリンのホームページに掲載された論文「ロシア人とウクライナ人の歴史的一体性について」[*4]を読みました。今回の侵攻の根拠となる歴史論文です。ここでは、ウクライナとロシアとベラルーシは歴史的に見て「ひとつ」であり、ヨーロッパで最も大きな勢力であるが、ウクライナのナショナリストがロシアを敵対視して失政をくりかえし、経済的にも苦しい状況に陥ったと述べています。ソ連がウクライナを連邦の構成国のひとつにしたとき、地方分権政策をおこなったことを強調していますが、その中には一九三〇年代初頭のウクライナの大飢饉については触れられていません（大飢饉については、ロバート・コンクエスト『悲しみの収穫　ウクライナ大飢饉』白石治朗訳、恵雅堂出版、二〇〇七年などで学びました)。また、ウクライナ出身のゴーゴリはロシア語で作品を書いたのだから、ウクライナの文化遺産としてロシアから切り分けるべきではない、とも論じています。つまり、文化や歴史を自らにとって都合のよいように解釈することで、ウクライナの独立性を否定しているのです。

「一体性」とは何でしょうか。日本国の住人が日本人だけではないように、ウクライナもロシアも、音楽、芸術、宗教、どれをとっても「一体」ではなく、むしろ、複雑で多様だというところに、足場を築くことはできないでしょうか。

歴史書を読んでいると、敵に立ち向かう人が憎むべき敵に似てくる傾向が、歴史の登場人物たちにしばしば見られることを学びます。敵と私が直線上に対峙するからです。

直線的思考は視野を狭めます。核兵器には核兵器を、という単純きわまりない思考もそうです。ナチスも、最大の敵である共産主義の運動から、旗や歌や集会の形式を盗み取りました。

先ほど述べたように、プーチンの蛮行も、アメリカやNATOがこれまでやってきたことと似

*4 「ロシア人とウクライナ人の歴史的一体性について」においてプーチンは、ロシアとウクライナの歴史についての自身の見解を示しながら、ロシア人、ウクライナ人、ベラルーシ人は三位一体のロシア民族であると主張し、ウクライナの真の主権はロシアとパートナーシップをもつことによってのみ可能になると結論づけている。

ています。

かつて日本は、アジアの盟主を名乗り、ハンドルのない車のアクセルを踏み続け、中国や東南アジアや太平洋で戦争を引き起こし、膨大な人びとの命を奪いました。また、原爆の投下と、原発の事故という世界でも稀有な歴史も有しています。

だからこそ、ウクライナで侵略に直面している人びとにできるだけ近い緊張感を持って、ロシアでもアメリカでも中国でもない、力の論理を骨抜きにする思想も言葉も日本の政治家から発せられていない現在は、やはり残念に思います。

もちろん、言葉の連帯や思想の共有による包囲が初期の段階で戦争を止めた歴史はほとんどありませんから、それがどれほど困難な試みであるかは理解しているつもりです。

私は原則として悲観論者です。これだけの悲劇を重ねても、人間は忘れっぽく、歴史から学ぶことを嫌がります。

なおも暴力でしか突破口を開こうとしない人、核兵器をおもちゃのように扱いたがる人、自分の利益ばかりを考える人が世界にあふれています。人間の尊厳を守る盾がいったん破れれば、この先、日本でさえも何が起こってもおかしくありません。ロシアの軍事行動に気を取られているうちに、世界各地の不正義への注意は散漫になり、よりひどくなっているかもしれません。

だけれども、悲観はまだ非観ではない。観たくない現実を観る力がまだ私たちに残っている以上、せめて学びを共有することはやめないでいたいと思います。

私自身も暴力を包囲できる思想がどういうものなのか、はっきりとかたちをつかめているわけではありません。ただ、今回の「ハンドル」を握っているのは、コロナ禍でつらい状況に置かれた、芸術や学術の担い手ではないかと思っています。

ここには、原則として国家間の利害を超えた共有すべき価値が、ずいぶんと商業主義に傷つけられましたが、残っています。

すくなくとも、ミサイル一発で消えてしまうそのような小さな営みの集積が、ヴェトナム戦争に対する反戦運動の世界的なうねりを起こし、アメリカで厭戦《えんせん》ムードを高めたことは間違いありません。そして、芸術も学術も現実の悲惨さだけではなく、その背景を「学ぶ」ことで、普遍性を獲得していったのだと思います。

にもかかわらず、欧米諸国はロシア出身の芸術家とともに現状を打開する作品を考えていく、という道を簡単に捨て、敵か味方かを迫る粗暴な論理をとりつつあります。

であるからいっそう、世界共通言語の数学の世界を語る伊原さんの言葉は私たちに大きなヒントを与えてくれます。恐怖と直面してもなお言葉を発する人びとを雑多で多方向的な言葉で支えながら、直線的でしかない現状を平面の世界へと変えるための「学び」を、微力ながらつづけたいと思っています。

駄文を連ね、申し訳ありません。つい長くなってしまいました。こういうときこそ、心は煮えたぎっていたとしても、頭を冷やして、学ぶことの意味についてじっくり考えていきたいですね。

（二〇二一年三月）

I-10　休題茶話

伊原康隆

有難うございました。ウクライナ侵攻をめぐっての多面的なご解説、私にも大変勉強になりました。たしかに私は「この際ウクライナの歴史のお話を」と気軽にお願いしました。しかし重要なのは、個々の知識を蓄えるだけの勉強ではなく、若い頃から多面的理解に基づく批判精神もつけること、その実例としてのお話であり、まさにそれに十二分に応えていただくことができたと喜んでおります。読者諸氏は、すぐ引き続いて現書簡をお読みいただくより、もう一回、藤原さんの書簡を、一部でもよいから丁寧に、咀嚼していただきたいと思います。それもあり、今回私は、感想と今後の課題について短く述べたのちは、ご馳走のあとの渋茶、連想された気楽な思い出話にとどめたいと思います。

「複雑なものは複雑なまま理解せよ」とか、「人生は複雑性に耐えること」（こちらは上皇后美智子さま）とも言われます。複雑性の実例は、直接体験だけでは幅が足りないけれど、読書によって広く知ることができますね。他方、「それだけではないよ、背景はかくかくしかじか複雑なんだよ」という話を非専門家のわれわれが聞くと、まず「なるほど、でもそれほど複雑な中、私は一体どうすればよいの？」と感じ、刺激の多い日常の中でせっかくの印象も雲散霧消《うんさんむしょう》してしまいかねない、とも感じております。よく吟味し、別の切り口を見つけ、単純化してこそ印象深く心に刻まれるという面もあるでしょう。単純化の切り口の模索は、今後の対談の課題として大切にしたいと思います。

また、まず「本物」に接して深い感動の実体験を重ねることと「批判精神」を培うこととを対比させて考えてみると、長い目でみればバランスが重要なのでしょうが、では若い頃の優先順位はというと、分野によって根本的に違うように新たに感じました。理系では、まずは（以前私が述べた意味の）「本物作品」の実体験を深め重ね、そして批判精神は「周辺の考え方と自分が培ってきたものとを心の中で比較することによって自然に生じるもの」。これが基本的な批判精神だと思っております。でも人文科学や社会科学では違うのでしょうね。これも対談の今後の面白い課題でしょう。

やや気になるのが、言語体系への依存度が実体験に先行しすぎる場合の弊害です。お説のように、もっともらしく聞こえる「美しい言葉」には、特に若いうちは、騙されやすいからです。為政者側の言語は基本的に民を「うまく取り込む言いくるめ」ですが、批判者側の言語も、できれば支持したいと期待するある政党のキャッチフレーズのように、えてして単純化、硬直化しやすい。そして個人としても、晩年になってから多少の執筆活動を始めた私自身の反省の弁になりますが、推敲の段階で意識の方向がどうやら二方向に分かれるようです。「果たして本当にこういってよいのだろうか」という批判眼（数学では最も大切）と「どう書けば『より』もっともらしく、面白い警句として聞こえるか」（これはむしろ無意識に）とに、いつの間にか傾いてしまう。読者を喜ばせたいという気持ちが過ぎるか、または文章表現自体に関心が行き過ぎると、こうなりがち——怖いものです。「対自分」の批判の根本は、多義の言葉が生じる混乱を見抜いて必要に応じて分けて理解しようとすることだと思っています。

こうした中で、藤原さんの今回の論は（愛読した他のご著書で淡々と客観的に書いておられるのより多少ヒートアップされてはいますが）まず冷静、客観的であり、柔軟、多面的、これをしっかり勉強することは、実例の「実体験に近い」要素もあると思うのです。対象が別の場合にも、もっと背景から考えようとする習慣がつき、思考の引き出しが増える。学ぶとは「自分の引き出しを増やすこと」でもありましたね。

中学時代の原体験

以下はたわいない話ですが、私のウクライナに関する最初の小さな思い出は、中学三年のとき外部（旧教育大系の付属校）で受けることになった模擬試験で「ソ連南部の穀倉地帯の名を書け」。「これなら出来るぞ」と「ウクライネ」と書いたら、見回りに来ていた大学生が「皆さん、語尾にも注意して下さいね」といった遠回しのヒントを二、三回述べたあと、最後にそっと「ne ではなく na」でしょうとささやいてくれ、「ナ」に直したことです。推測するに、彼はこの問題の出題者で、正解者がほとんどいない中、ネとナ違いでもったいないと思ったのではないかな。試験で受験者と監督者の間に内容に関する会話があった時代でした。中学一年のとき、学年共通の数学の問題のテストがあり、一年生はまだ習っていない「負の数を引く」問題が数個あったのですが、担任の先生が「マイナスのマイナスはどう考える?」などヒントを（皆に）呟かれたので、出来なかったはずの問題が楽に出来た、という体験もあり、ちょっと自信がつきました。試験にも面白い側面もありました。

この私的背景ですが、中学時代の中間の一年半は親の仕事の関係でイギリスに滞在し、地方の中学の寄宿舎に入れられていました。地理の教科書でUkraineと習っていたのです。他国人はポーランドからの（今思えば）避難民の息子が五、六人で自分以外には日本人は（当初は）いませんでした。ポーランドからの生徒に特有と感じたのは「アイジュキーウィッチ」「カチマチック」等、長くて発音しにくい名前「だけ」でした。この対談で、他国語との対比を私が好んでとりあげるのはこの頃の他国語表現の強い印象が原体験として染み付いているからでもあり、ご容赦いただきたいと思います。

ちなみに、人種差別もかなり感じましたし、文化面でのカルチャーショックも随分受けました。人種差別に関して、本当に心が傷つけられると感じるのは、実際は政治家やヘイトスピーチで差別発言されるからではなく、身近な人がふっとしたときにいきなり示す表情や仕草だと私は思います。それが政治家たちの差別に影響を受けている場合もあるが、実はもっと根源的、生理的なものかと思います（有吉佐和子『非色』河出文庫）、そして実はさらには「外部にどう見られるか」ではなく、異なる人の集団にいると「自身が自分をどう見るようになるか」の違和感の発生があります。「醜いアヒルの子」ではないですが、当時のイギリスの男子校の寄宿舎には鏡が全くなかったので、自分の顔を長いこと見ないで過ごしておりました、見えるのは西洋人の顔だけ、それによって容貌の美醜の感覚も彼らの感覚と同化されます。その挙句、休暇に入り、自宅に戻り、鏡や家族に接したときに受ける違和感とショックは少年時代には強いものでした。他人が自分をどう見るかではなく、自分が自分をどう見るかという根本的相違です。カルチャーショックの話としては、教育面での原則が全く違いました。中学生でも、ユークリッド幾何学やシェイクスピアの諸作品を本格的に勉強し、ここで勉強自体の面白さにも目覚めました。（以上についての具体的エピソードは拙著[*5]）

藤原さんはロシア軍とロシア人は区別しなくてはならないと書かれました。思うにその通りで、私も何人かのロシアの数学者と数学を通してのおつきあいがありました。そのうちの二人はモスクワの大学とフランスの大学の掛け持ちで、半年モスクワ、半年マルセイユの大学で研究を続けていました。どちらにも行ったことがあり、T君は日本にも来てくれましたが、今どういう状況か、気になっています。私がロシアを訪れたのは二回で、最初は一九七一年モスクワでの研究集会、たった八時間余の飛行で夜の赤の広場にたどり着き、宮殿のドームの上の赤旗がヒラヒラ、というよりニョロリニョロリと、はためくのを見上げながらしばし佇み、何ともいえない感慨を受けたのを思い出します。そのあと、ホテルに戻ったら電話がかかってきて、「自分はドリーニュ（のち有名になったベルギーからの人）というのだが、今ピャテツキー・シャピロのアパートにいるんだが、来ない？」。フランス訛《なま》りでよくわからず、また眠くてたまらずに断ってしまったのが、後に残念至極に思われました。滞在中は自由行動はできず、パスポートもホテルに預けさせられ、外出には常に若い付き添いが一人付きました。私の靴の紐がしばしば解けたまま歩いているのを、その度にyou may fall downと英語の片言で注意されたのを覚えています。

ロシア人は、巨大で美麗な建築（大学、百貨店、地下鉄駅のホーム）と（レーニンなど）遺体を大切にする国という印象も受けました。今、芸術関係でもロシア出身者を排除する動きがあるのは誠に残念です。フィギュアスケートも、日本では勝負に関心が集中しがちですが、音楽にのった繊細な動きの美しさの表現はロシア由来でしょう。その研究集会後に団体で訪れたレニングラード（現サンクトペテルブルグ）のアイスダンスで直接感じました。中間休止の直後（これもポイント！）、再度掃き清められ鏡のようになった氷面の上、男女ペアが、ラヴェルのボレロの音楽にのり、最初は「何とか」「ダー」（＝イエス）、「何とか」「ニェット」（＝ノー）のお辞儀とささやき合いから小さく始まり、音楽の高まりにつれて動きも徐々に大きく、氷面に見事な輪状のトレースを描いていく……ゾクゾクしました。

＊5　伊原康隆『とまどった生徒にゆとりのあった先生方』（三省堂書店／創英社、二〇二一年）

このピャテツキー・シャピロさんは大数学者でしたが、ユダヤ系で、のちに出国を申請したら失職の危機、正確には、屈辱的地位をあてがわれそれを受けないと「職を持とうとしない罪」で投獄されるというのです。その後（米国から）アンドレ・ヴェイユという指導的立場の数学者が広く呼びかけ、世界中の数学者が応援し、結局出国することができ、イスラエルきっての大都市テルアヴィヴの近郊ラマートアヴィヴの大学に職を得ました。彼の定年退職のときは当地の記念研究集会に行き、白砂と青い地中海の海岸（大都市でも海岸の浜寄りは綺麗な水とのこと）での水泳や、特有な集団農場キブツの宿に泊まって見学したり、色々楽しみました。イスラエルで強い印象に残ったのは、一般的には化粧や衣服に頼らない「健康美」ですが、個人的にはナチスによるオーストリア併合の前後に逃れイスラエルに在住していた老婦人数名とも知り合いになれ、カエザリアという遺跡に連れて行ってもらったときの運転の凄まじさでした。追い越されると悔しがって猛スピードで追い抜くのです。この強気があってこそ迫害を積極的に乗り越えてこられたのだろう、と（怖いことも怖いがそれ以上に）一種の敬意を感じたものでした——ガザへの猛攻が進んでいる現在は、強気の面のマイナス面のみ強く感じておりますが。山間にある聖地エルサレムでは、四つの異なる人種や宗教由来の古代文明の遺跡が上下左右の層をなして残っていました。女人禁制の場所で、なぜか女性に見られたらしく、入場を咎められ一緒にいた友人（アメリカで知り合いその後イスラエルに移った若手の数学者）の口添えが必要でした。彼のアパートに滞在中も、軍からの電話がかかってきたり、軍役に当惑していたのも気の毒で印象に残っています。

さてウクライナ由来で世界に深く根付いた文化の例として、藤原さんはチャイコフスキーの音楽を挙げられました。曲を通して長らく親しんできましたが、なるほどウクライナ出身だったのですね。数学においては、最近（二〇二二年夏）キーウ生まれのマリナ・ヴィアゾフスカさんが高次元の球充填問題を鮮やかに解決した業績によりフィールズ賞を受賞したという喜ばしい話があります。

鳥ではなく地中のミミズ

私の対談記事を読んでくれた旧友の一人は「君の話には『努力』という言葉が出てこない、これは才能に恵まれているので努力を必要としなかったのではないか、凡人には『努力こそ』ではないか」とのご意見を寄せられました。私が努力という名詞を使わない理由は、一つはその言葉の与えるイメージが、あたかも競馬の馬のように「与えられた方向に目線を絞れ」であり、「自主的な工夫」を促す気分が欠けているからです。そしてもう一つとして、私に関しても、いや、とんでもない、私は飛ぶ鳥ではありません、地中のミミズです、を付け加えさせてください。それが証拠に中学三年の頃のあだ名が「ミミズ」いや「メメズ」でした。鳥は用がなくなったと感じれば直ちに飛び去っていきます。ミミズは一箇所に長く滞在し、視界が利かないので掘りつつ徘徊しないと用が足せない、でも鳥には気づかれない栄養源を見つけられる、ということかもしれません。あんな所でも引っかかる、要所で何かを感じ、考えたり調べたりするのは通常の意味の努力とはちょっと違いますね。私が人文科学を応援したくなったきっかけの一つは、藤原さんが「社会科学と人文科学の相違」を端的な喩え話で説明してくださったことに由来します。

一人の人間が滅しても「全く変わらない」というのが社会科学、「人は人々の記憶の中で生きているのだから大いに変わる」が人文科学。また「鳥の目線」が社会科学で「虫の目線」が人文科学である、と。おお、わが土壌！　一部の鳥が「インターネット」という霞網《かすみあみ》に引っかかっても、地下にいる「本の虫」は生き残るかもしれませんね。啓蟄《けいちつ》の時期、そろそろ地上に……。

（二〇二一年三月）

Ⅱ

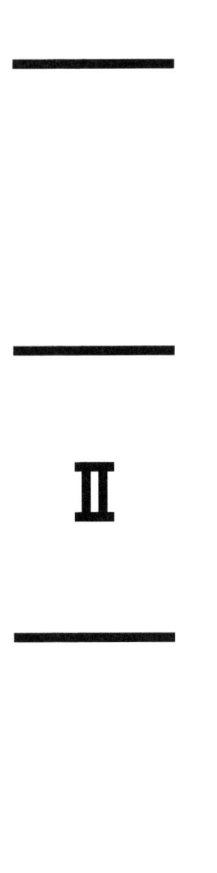

Ⅱ-1 簡単にわかった気にならないこと

藤原辰史

こうやってお手紙を交わしているうちに、だんだんと伊原さんの考え方の輪郭が見えてきているように思えます。実数から虚数の扉を開けることで世界が平面的に広がっていくありさま。1と2という二つの自然数のあいだに広がる距離。以上のことだけではありません。伊原さんのお手紙を読むということは、人文系の考え方にどっぷり浸かってきた私にとって、自分の考え方の脆《もろ》さに気づく恐ろしい機会でもあります。どれだけ歴史学の訓練をしても、結構騙されやすく、大きな物語に回収されやすい性質が私に残っていることに気づくからです。

今回のお手紙を読んであらためて思ったのは、伊原さんの思考の中には、第一に、簡単にはわかった気になるな、大きな物語や権威筋の理論に同調しない、納得するまで問い続ける、第二に、定義があいまいなまま大手を振って流通する言葉に注意せよ、そして第三に、レトリックに溺《おぼ》れることなく、実体験に根ざした論理を模索せよ、という態度が存在することです。

これら三つの知の態度は、伊原さんのミミズ（という比喩には驚きました）がのたうち回るような数学研究の厳しさの基本であるとともに、ウクライナ侵攻がもたらしているロシアと欧米の報道合戦の只中にあって、どちらかの陣営の思考のパッケージを脳みそにインストールして安心するのではなく、できるかぎり、冷静につぎはぎだらけの事態を「観る」態度であると思います。

ここでは、この三つの態度について、私の失敗を思い出しながら、述べてみたいと思います。世の中には、自分のこれまでの努力は無駄だったのかと落胆させるような天才的歴史家もいるのですが、私のような凡人歴史家の学習過程を示しておくことは、後世の歴史家のためにも有意義だと感じるからです。

第一に、簡単にわかった気にならないこと（うのみにしないこと）についてですが、これは私たちが「大きな嘘に騙されやすい」ということとつながっていますね。「大和民族は世界で最も優秀な民族である」とか「満洲国では五族協和が実現される」という戦前から日本で喧伝《けんでん》されたスローガンの虚偽性は言うまでもないでしょう。ただ、虚偽の中で、あるいは、時代的制約の中で人生を生きた人びと、それ自体は虚偽ではなく、真実でありますので、歴史学はこのあたりの「歴史的条件」は厳しくみていく学問です。現在の高みに立って昔の人を見下ろすことは避けたい、というのが歴史学の基本ですよね。数学の中で私が面白いと思うのは、条件付け、たとえば、「ただし、$-5 < x < 0$ とする」ということを明確に示すことです。

私が大学に入って、騙されていた嘘に気づくプロセスについて白状いたしましょう。私は、大学一年生で、ある講義を受けるまで、「日本は単一民族の国」だと信じていました。いまでも赤面します。この国には「日本人」しかいないと思っていました。不思議なのですが、私の母方は北海道出身で祖先は東北地方と北陸地方からの入植者だと聞いています。アイヌ民族の文化や歴史については少し知っていたのですが、それでもそういうメディアで流される「嘘」を疑わなかった。日本には、アイヌ民族も琉球民族も在日コリアンも暮らしていますから、単一民族の国なんかではない。そのことによって、日本列島が起伏に富んだ世界に見えてきました。そういえば最近、上間《うえま》陽子《ようこ》さんの『海をあげる』（筑摩書房、二〇二〇年）を読んで、一文で固定観念を打ち砕《くだ》く上間さんの文の力に驚くとともに、何度も自分の固まった思考に気づかされ、ため息をつきました。沖縄で子どもにご飯を食べさせること、子どもに学校に通わせること、こんな日常的な一コマをとっても、「ヤマト」とは大きな文脈の違いが生まれてくる。それほど強烈な、「ヤマト」の沖縄に対する暴力的な支配が存在していることが本書で示されています。

第二に、定義があいまい、あるいは二義的な言葉に注意せよ、という点ですが、これは現在の新型コロナウイルスやウクライナ侵攻の問題とも関わってきます。たとえば、新型コロナウイルスによって、各都市が「ロックダウン」をしました。それ自体は間違いないのですが、私は『朝日新聞』でアダム・トゥーズ『世界はコロナとどう闘ったのか？——パンデミック経済危機』（江口泰子訳、東洋経済新報社、二〇二二年）の書評を執筆するまで、「都市封鎖＝活動停止」だと思っていました。しかし、トゥーズは、今回の各都市が選んだ政策は、「ロックダウン」というより「シャットダウン」（活動停止）と言ったほうがよいと主張していました。今回の事態は、「封鎖」による影響よりも「活動停止」、つまり、動くな、飲み屋で飲むな、家族に会いにいくな、死者に触るな、病院で面会するな、マスクをはずすな、大人数で会議をするな、旅行するな、観光するな、ハグをするな、という禁止の影響のほうが大きいわけです。日本国民と日本住民の意味がまったく異なるように、ぼんやりと結びついていた概念を「分ける」ことは本当に重要ですね。

ウクライナの問題を知るときにも私たちは注意すべき言葉がいくつかあります。ロシア史のご専門の橋本伸也さんが執筆した論文「『ジェノサイド』の想起と忘却をめぐる覚書」（山室信一・岡田暁生・小関隆・藤原辰史編『われわれはどんな「世界」を生きているのか——来るべき人文学のために』ナカニシヤ出版、二〇一九年）には、日本語で「大量虐殺」と訳されるジェノサイド（genos＝種族、cide＝殺害）という第二次世界大戦中に生まれた造語が、条約で定義づけられたにもかかわらず、いかに国が他国を批判するときに都合よく使用されたり、あえて使用されなかったりしたかについて詳しく書いてあります。一九四八年十二月九日に第三回国連総会で締結されたジェノサイド条約によると「国民的、人種的、民族的又は宗教的集団を、全体又は一部破壊する意図」をもってその集団構成員を殺したり、出生の防止の意図をもって措置をほどこしたり、肉体の破壊をもたらすために意図された生活条件を押し付けたり、その集団の児童を他の集団に強制的に移したりすることを意味します。しかし、ジェノサイドという概念は、ソ連下ウクライナおよびその周辺地域の大飢饉がナチスのユダヤ人虐殺行為と変わらないことを主張するために、ウクライナ政府によって用いられたり、ウクライナ内でウクライナ政府によるロシア住民のジェノサイドが進行中だとロシア政府によって宣伝されたり、かなり乱用されているのですが、他方で、ジェノサイド研究の中にアメリカのヴェトナム戦争による枯葉剤の暴力はなかなか入ってこない。橋本さんは、ヴェトナム戦争にジェノサイドを用いることに疑問を持っていますが、だからと言ってジェノサイド研究からアメリカの暴力が特権的に排除されてきたのはおかしいし、そもそもこれほどまでに乱用されたジェノサイド概念を分析概念として用いることに批判的です。

これもお恥ずかしい話ですが、橋本さんの研究会に出席するまで、ジェノサイドという言葉を恣意的に用いる昨今の政治現象をきちんと把握していませんでした。歴史の解釈そのものが、学問的な手続きを軽視したかたちで国家間の争いの場になっています。日本の歴史修正主義も例外ではありません。幸いに私は、ジェノサイドという言葉を拙著で乱用してこなかったはずですが、果たしてどれほどこの言葉のもつ政治性について考えてきたかと問われれば、甚だ自信がありません。

ここ数日、ウクライナの首都近郊にある小都市のブチャでのロシア人による痛ましい民間人虐殺が、死者たちの写真とともに、世界各地で報道されています（事件は二〇二二年三月に起こった）。あまりにも残虐で息が浅くなります。戦争はすぐに制御が利かなくなります。だから、安易に戦争に転げ落ちるようなずさんな立法を、実際の戦争状態になったときのことを考えずにしてはならないと、私は二〇一五年から述べてきたのですが、日本の為政者は戦争の本当の恐怖をまだ理解していないように思えます。ウクライナのゼレンスキー大統領は「ジェノサイド」という言葉を用い、日本を含む各国のメディアもこの言葉やその訳語を使いましたが、ジェノサイドという言葉を使いたくなる気持ちを十二分に理解したうえで、ここでも立ち止まったほうがよいと思います。ジェノサイド条約の定義は果たしてこの悲劇にも当てはまるでしょうか。ここで疑問を抱くことこそ、伊原さんがずっと私に示してきた態度でしょう。

私は、ウクライナ民間人に対するロシア軍の身の毛のよだつような残虐の悲惨さを軽視したいのではない。その逆です。為政者たちが自国の犠牲の酷さを示すために乱用してきたジェノサイドという言葉は、民間人の殺害の真実から遠くなりこそすれ近づくことはできないでしょう。それによって、体を縛られて、頭の後ろから銃で撃たれた人、ロシア兵の暴行を受けた女性、拷問され殺されて路上に放置されたウクライナの人びとのこの世で生きた尊厳を蹂躙《じゅうりん》したくないのです。ロシアは、さまざまな歴史的事件を「ジェノサイド」と呼んで、この話のインフレをもたらしています。なかったことにされる死、忘れ去られる死ほど悲しいことはありません。かといって、無惨な死のありさまを、わかった気になりやすい言葉で表現して安心することも、死者を蹂躙していることと変わりはないと思うのです。

第三に、イギリスでの人種差別や、ロシアやイスラエルでのお話は我を忘れて拝読しました。数学者になるまでのプロセスや数学者の仕事がこのような歴史の渦や差別の中にあって存在すること。当たり前のことですが、伊原さんご自身がいつもレトリックに流されがちな人文学の文章を警戒されている理由の一端が、ここからも理解できました。情緒に流されず論理で追うことは、政治の渦に巻き込まれ、偏見に晒される世界が（残念ながら）変わらず存在しているからこそ、手放すことはできない。

数学者の伊原さんが、生物学や進化論を、その初学者として「かじる」というよりは、二歩も三歩も進めて、ご自宅で私に語っていただいたことを思い出しています。そこにも情緒や曖昧な定義を排した論理で世界を理解しようとする伊原さんの知的な態度を感じることができました。

伊原さんの学習には及びませんが、私は博士課程のとき、日本史の論文とドイツ史の論文、まったく異なるジャンルのものを書きました。ドイツ近現代史の研究者がちょっと日本近現代史をかじった程度と批判されないように（「そんなことはもっと本業をしっかり学んでからね」と言われないように）、というよりは、ドイツ近現代史を広い視野から理解するためにがむしゃらに（土の中のミミズのように）日本現代史の本を読みあさり、方位感覚を身につけようと努力しました（「しなければならない」ですね）。もちろん、それができたかは心もとない限りですが、私自身、できる限り二歩目を恐れない気持ちは持ち続けたいと思います。とともに、農業や食の歴史を執筆する過程で、どうしても農学の自然科学的な説明を加えることが多いのですが、これについてはまだ一・五歩というところなので、現在、大学院生から一カ月に一回、物質や生物やエネルギーの基本的な考え方を学んでいます。学生の頃のようにノートを取って、未踏の地に両足で立ってみる。生涯一書生として、学びの覚悟をもち続けることが、混迷を深めるいまこそ、必要だと感じます。

（二〇二二年四月）

Ⅱ-2　他国語から〇〇を学ぶ

伊原康隆

ご書簡「簡単にわかった気にならないこと」。これはわれわれ共通のテーマですが、藤原さんは歴史学と政治との接点における幾多の生体験に基づいて立ち入った説明をして下さいました。騙されていた云々というご謙虚なお話には自省を促す強い説得力をも感じた次第です。

私はそれを補う意味でも、やや異なる切り口から話を進めたいと思います。それは手近には「言葉はもっと分けたい、末節においてではなく気づきにくい根っこにおいて」と「自国語にない（または、あっても弱い）表現様式を発見するため、もっと他国語の世界に浸ることの勧め（すぐ翻訳したいのを我慢して、がポイント）」です。

今回は、まず藤原さんの直近のご書簡から連想された「言葉をさらに分けてみる」試み、続いて「他国語から学ぶ」をテーマに話を進めたいと思います。

こんな場合も言葉を分けてみる

なるほど日本は単一民族の国ではない、琉球民族もアイヌ民族も固有の言語を奪われた。伝統文化の継承もかなり損なわれた。民族衣裳や踊りなど「形が目立つもの」は残されたかもしれないが、より基本的な「ものの考え方、感じ方」はやはり言語に深く依存しているでしょうから。ただしアイヌの叙事詩ユーカラが残されたのは有難いこと。芭蕉も、永く残されるのは城でも草木でもなく歌や文であろうという趣旨の言葉を残しましたね。

そして藤原さんのご指摘をもう一歩進めれば、「単一民族化された国ではある」「このことを肝に銘ずべし」ではないでしょうか。よくいえば融合だが、内実は統一した側と(無理に)された側からなる。前者は後者の気持ちに鈍感。実はこの書簡のリバイズ段階の時期に、三代にわたる在日の方々の気持ちを書き綴ったミン・ジン・リー『パチンコ』(池田真紀子訳、文春文庫、二〇二三年)からの間接体験に浸ってその感を強くしました。

この鈍感性は、藤原さんが取り上げられたもう一つのテーマ「ジェノサイド」の根っこの心理を私を含む一般の日本人が真に理解するのを困難にしているのではないか。この考察のため

「ジェノサイド」の加害者側の奥にある基本的感情（の中心）を、以下のように二つに分けて考えたいと思います。

（A：敵意）　民族的、宗教的敵意によるもの
ナチス対ユダヤ人、シーア派対スンニ派、インド対パキスタン、等々。
（B：蔑視）　民族的蔑視によって戦略上選ばれてしまった低い優先順位に基づくもの
西欧諸国の植民地獲得、ヒトラーが東欧を我が Lebensraum（生存圏）として侵し、ミュンヘン会談で英仏伊が時間稼ぎのためチェコを犠牲にし、日本帝国が朝鮮、満洲を侵し、米軍がベトナムで残虐な兵器を用い、米軍が「ジャップの国」へ二度も核兵器を投下した、等。

（A）は戦争の源にもなり得るのに対し（B）は基本的には単純な蔑視であり、昔は領土欲しさもあったが、その後は主に戦雲が高まったり戦争になったあげくの戦略的優先順位の比較によって選ばれるもの（民による憎しみの情をそそのかすため為政者によって（B）が「（A）もどき」に扱われることはあっても、長い目で見れば（B）は（B）でしょう）。

逆に被支配者側の民が日常的に取り得る基本姿勢、これも（それぞれほぼ対応した）二通り

•

（a：被・敵意）（b：被・蔑視）に分けて想像してみましょう。
（a）は「草の根的強化」で、その三本柱とも言えるのは

（1）結束の強化。場合によっては宗教（特に一神教）の力で。
（2）密かに財産を貯める。
（3）子孫の早期英才教育に可能な限り力を入れる。

そしてこれらに見え隠れするエゴともみえる習慣（というより規範、教義）とその当然の結果として周辺に与える脅威感の増大が、たとえばユダヤ民族が周辺の社会に厭われるもとであったのでしょうね。『ベニスの商人』で描かれているように、あるいはナチス政権下でのユダヤ人科学者のように——彼らの統一理論（いわゆる「神の方程式」など）によって自分達の立場が破壊されるのを周辺の科学者に恐れられていたのでしょう。（a）は相手側の（A）を強化しやすいと言えるでしょう。

他方（b）は「当面の蔑視を避けるため、なるべく目立たないようにする」。前記『パチンコ』には、（なるべくどころか）決死の覚悟で出自を隠し通そうとした二代目主人公も描かれて

いました。

いずれも支配側の態度から誘導されてはいても、これらの相違は

（a）…支配側の敵意（A）を強化する

（b）…支配側の蔑視（B）を正当化してしまう

ではないでしょうか。では東南アジアでの支配者だった頃の日本の場合、

$B \to a \to A$、$B \rightleftarrows b$

のどちらが主だったのでしょうか？　もし後者なら（A）の心理を理解するには超えなくてはならない壁があるような気がしますし、いずれにせよこれらの相違を表現する言葉も欲しいと感じた次第です。

他国語から学ぶ

さて、今回はそれぞれの言語文化に特有な「表現のしやすさと表現の自然な強さ弱さ」についての実例、そしてその特徴が与える個人と社会への影響についての私見を述べてみたいと思います。自国語の特徴も他国語の特徴との比較によってこそ見えてくるものですから。

以前、アメリカの友人（十歳以上年下、北欧系のA君）との共同研究が予想外な荒波を受けたことがありました。第二弾の成果の発表のときでした。主には誤解にもとづく「波」だったのですが勉強になる厳しい指摘も含まれていました。A君との真剣な相談のやりとりの末、彼が手紙の末尾に書いてくれた言葉が

Well, live and learn!

でした。実は幾多の思いの籠った言葉でしたが、あわせて「語感の力強さ」も印象に残ったのです。蛇足ながら解説しますと、まず冒頭の「Well…」は一息ついて手紙を締めくくる「まあ結局……」の雰囲気。続く呼びかけ「生き続け学び続けよう」（Let usが省略されている）の主役はliveとlearn。人生で基本的なこの二つの動詞が生き生きと使われています。

まず前者“live”は「死ぬに対する生きる」より積極性が強い意味ですね。次に、“learn”も「科目の履修」のようなstudyとはやや異なり「具体的な知恵を学ぶ」という意味合いが強い。日本語でなら「まあ、生涯学習だねー」となるのでしょうが、これではインパクトがかなり弱まると私は感じます――「忘れ得ぬ言葉」vs「名詞化された標語」。

ロシアの攻撃に晒されているウクライナでは個人のliveへの意志が（学びどころかあらゆることと無関係に）不条理に抹殺されています。プーチン氏に呼びかけたいのは「（他者の生命を）生かすことを学んでくれ」

Learn, to let live!

(後半語気をどんどん強めて)ですね——ロシア語ではどういうのでしょうか?

次に、ご存知

Black lives matter!

ここではBlackが形容詞、livesが名詞、matterが動詞です。これは「日本語に訳しにくい」なぜなら「黒人の命(は)(も)大切だ」が「は」か「も」か決めかねるからといわれます。でも私はmatterという動詞——この止むに止まれぬ自己主張の叫び——が日本語では伝えにくいのだ、なぜならそういう用語がないから、というほうに焦点を当てたい。matterは、「は」「も」等のいわゆる「be動詞」によって「大切」という形容詞とゆるく結びついただけでは表現しきれない積極的な心の動きを表現しているのに……。母親に「そんなこと、どうでもいいじゃない」とあしらわれた子供が「よくはないよ」と言い返すのは否定形になり「いつもの反抗」みたいですが、It doesn't matterに対してIt matters!(またはIt does matter!)と言い返すのなら強い肯定形の自己主張でしょう。

自己主張しやすい言語体系が「弱者にも使いやすい形で」整っていることが肝要だとつくづ

く思います。「弱者」は親に対する子、先生に対する生徒、を含みますからこれは初期中期の学びの場にとって、従って国の文化にとって、基本的な事柄でもあると思います。人文科学の先生方のお力を是非お借りしたい。

他言語を学ぶことの意義を見直す

自動翻訳ソフトが進歩しつつある現代、外国語なんかまじめに勉強しないでもすむと思っている若者がおられるのではないかな？　でも先の二、三の例など、翻訳したら良さが消えてしまうと思われませんか？　異文化を知るためには、まずは翻訳物を通してというのも賢い順序でしょうが、精神も込めての多様性を学ぶには、まずはその国の言葉の使い方の「特徴の面白さ」を感じ、その言葉——少なくとも特徴のある表現法——を好きになることから始めなくては……。他国語は自国語の「第二の鏡」でもありますし。

以前の書簡でイタリア語の表現を借用した責任上、「文化は言語体系に深く影響されている」というサピア・ウォーフ仮説の提唱者の一人であるL・ベンジャミン・ウォーフの著作『言語・思考・現実』（池上嘉彦訳、講談社学術文庫、一九九三年）、およびそれに対する反論を含むガイ・ドイッチャーの著書『言語が違えば、世界も違って見えるわけ』（椋田直子訳、ハヤカワ文庫NF、二〇二二年）をひもといてみました（とりあえず和訳です）。これらについては又いずれと思いますが、文化への影響をより深いレベルで真剣に考察しているのはサピア・ウォーフ側のような気がします。この仮説はその後「エビデンス不足」のかどで攻撃され下火になっているようです。エビデンス不足論には半分は納得がいきますが、元々の仮説での「文化への影響」は「深層での影響」であり、直截的なエビデンスなど元来あり得ない、だから沢山の小さなエビデンスから「主張のレベルに応じてその可能性の大小を評価」するしかないのは明らかです。それなのに反論はせっかちだと私は感じました。

なお、ウォーフについて特に注目したいのは、幾多の「未開人」の言葉が幾多の点で欧米語より分析力などに優れていることにも気づき指摘したことです。彼はアメリカのマサチューセッツ工科大学（MIT）では化学を履修し、就職した火災保険会社で主に化学製品由来の火事の原因究明、予防運動と啓蒙活動に積極的に携わっていました。その中で、たとえば「使用済み缶」ではなく「空き缶」と呼ばれ乱暴に放置されていた揮発性ガスを残す危険な缶が「その大雑把な呼ばれ方のために、」多くの火災の原因になっていたことにも気づき心を痛めていました。探究心と善意そして感性でしょうか。これらが、なんと、以前から中米文化に魅せられ研究していたことと結びついて（！）、言語の「粗雑さと比較」の研究に乗り出したという経歴です。後に言語学の学会でも有名になり大学から引っ張りだこになってからも、火災保険会社の仕事を仕事の中心として最後まで辞めなかったとのこと（前述の書物の中の「編者解説」より）。

この「空き缶」の話は研究の「動機」であって仮説の「要因」ではありませんが、それでもここで言及したわけは、「原発事故」の雛形として対比していただきたいからです。言葉の曖昧さに気づかないことの弊害のうちこれらはいずれも、「起こり得る危険性の『過小評価』」だったのでしょう。

日本語の（曖昧、情緒的といった）特徴が文系文化、理系文化それぞれに与えた影響については言いふるされています。でも私の（限られた）体験から追加したいのは、理系の研究交流の場での表現が、西洋では大げさなぐらい「強調すべきことを強調」するのに対して、日本人の多くは事実のみを平らに述べているという印象を受けることです。日本人の関心の的は事実だけで、そこに至る「動き」を知ることへの興味がかなり薄いのではないか、これでよいのだろうか？

そして日本語で表現が平板になりがちなのは、状況を基本的には受け入れている人間同士の間で長く使われていた言語だから、静的で精緻な描写が多く、名詞や形容詞と「be 動詞」が中心を占めている、そういうことかもしれません。それがひいては、動きに対する「言語的な縛り」になっているのでしょうか。サピア・ウォーフの仮説は、私は少なくもこの意味で支持したいと思っています。

日常会話が前提としているもの

なお、このことをインターネットで公開したあと「日本語の欠点というがわれわれの日常会話では困らない」とか「日本古典文学の素晴らしさを知らないのか」との批判も複数寄せられました。この両者は密接に結びついていると思うので、繰り返しになりますが弁護させていただきましょう。日本での日常会話の場は、場を暗黙のうちに支配する強者とその雰囲気を壊すことが困難な相対的弱者から成り立っている場合が多く、「日常会話では困らない」といわれる方は、多くの場における強者「だから」困った覚えがあまりないのだろう、あるいは弱者だった頃の印象がそれほど強く残っていないのではないか、と憶測してしまいます。そして、場の雰囲気を壊してはならないという雰囲気が「なぜ日本では強めなのだろうか？」に思いを馳せてみると、貴族社会の時代由来の優美な、あるいは武家社会の頃の主君一辺倒の、言語体系の雰囲気の中で長く生きてきたＤＮＡを受けついでいることと無縁ではなかろう、たとえば　動詞「望む」にしても、「高貴な方を仰ぎ見る」から転じ「月の出を待ち望む」とも繋がり、場の秩序を大切にするのが第一で、独立した個人の内なる欲求を素直に表現する言葉ではなさそうです。皆様はその言語体系の中で思索し表現しても、何か表現しきれないと感じませんでしょうか。この話題にはまた戻ってきましょう。

でも何か変

重要だが言語体系の中では気づきにくい感覚の例として、

「でも何か変」型の「わからなさ」

について考えてみましょう。これを感じるのは脳の右半球の作用だという学説をお聞きになったことがおありでしょうか。[*6] 私は神経経路のことは知りませんが、半球の左右の区別は鳥や魚にもあるそうで、鳥が沢山の粒の中から餌をよりわけるのは左半球、天敵の接近に感づくのは右半球という話です。餌探しに血眼《ちまなこ》になっているときはこれが働きにくく危険かもしれません。われわれの場合も、気分をちょっとゆるめる、そして周りを見渡す、つまり視点を変えてみる。能率優先志向だと意識が邪魔をするから散歩に出たり睡眠から目覚めた時とかが「右の出番」ではないのかな。

他人の論文を読んでポイントをつかむためにもこの「何か変」という感覚が必要です。かって指導教官をしたある院生の学位論文の話ですが、その研究がのちに大いに発展した際（その ごく一部の議論について）私にふっと疑問が生じ、教室の図書室に保管されていた彼の学位論文を再度眺めてみました。するとその箇所にポツンと「?」だけついていました。ご当人もやはり変だと気づいたらしく同じファイルを開いたら「先生も?をつけていた、見てくれていないようで意外に見てくれているんだとわかった」といわれました。そりゃー給料をもらっているのだし、とりあえず「右半球だけ」でも働かなくては……。

「何か変」を強いて突き詰めると「こういうことを結論できるためには、その周りが十分耕され、それぞれの角度からの観察結果も使われていなくては……」という一種の調和感覚でしょう。いったんゆるめないと働きにくいものらしいです。なお、巷で詐欺に騙されるのも「そんな都合の良い話が成り立つはずがない」という感覚が働く余裕があったら防げたのではないか？　すべて深いところで共通している、どの分野からにせよ学びを通してそれに近づいていけるのではないでしょうか。
次回以降も人文学と数学の共通要素についての私の考え方を熟しかけた順序に従って書かせていただきたいと思っております。今後もどうぞよろしくお願いいたします。

（二〇二二年四月）

＊6　この説は、いずれも神経科学者である McGilchrist や McIntyre の論文や書物では支持されています（巻末の「ミニ書評」の McIntyre の本の第四章七二頁など）が、のちに出版された櫻井芳雄『まちがえる脳』（岩波新書、二〇二三年）の第四章には、その根拠は薄いことが指摘されています。

II-3 「サークル」について

藤原辰史

いただいたお手紙、今回もとても読み応えありました。Well, live and learn! という共同研究者の言葉がリフレイン中。伊原さんの翻訳をめぐる考察に触れて、私の中にまたぐるぐると想念が渦巻きます。日本の大学の管理者たちは、「グローバル」に活躍する人材というものを育てることを目標にしているそうです。しかし、彼らは外国語を「武器」としてしかとらえられない。伊原さんのいうように、外国語を学ぶことは、その文化的背景や、日本語にはない言葉のニュアンスなどを学んでいくことで、日本語を外から批判的に眺める力を持ち、おのれの表現を磨いていく、ということであるのに、どうやら大学のトップの方々は外国語を学ぶことは日本語を学び直す、というところまで考えが及ばないのは残念としかいいようがありません。

私の指導教員だった池田浩士さんの研究対象は、ファシズム文化から日本の大衆小説までとても幅広いのですが、その中でもドイツ文学はかなり重要な位置を占めていて、大学ではドイツ語の講義も持っていました。言葉にとても厳しい人です。私は三回生まで第二外国語が中国語でしたが、四回生のとき私も含めて研究室の院生でドイツ語を学びたい人が増えたため、池田さんは、ドイツ語の教科書を自分で作成したうえに、学習会を毎週開催してくださいました。その場で、ドイツ語の辞書を引くときには、見出しの訳語から適切なものを「選ぶ」のではなく、その単語について書いてあることを発音記号も含めて全部読み込んだうえで、その言葉がどのような意味をもつのかを総体としてとらえ、そのうえで訳語を検討しなければならない、とくりかえしおっしゃっていました。電子辞書を使う学生には、つい意味だけを選んで翻訳しようとする人もいますが、それでは十分ではありません。掲載されている例文やあまり使わなくなった意味合いや語源なども読むことで、理解はより深まるからです。

今回も反省モードですが、私はあの質の高い学習会をほぼすべて出席したにもかかわらず、現在ドイツ語能力も日本語能力も納得できる状態ではありません。まだ修行中です。博士論文を書籍化したときは、翻訳に引きずられ、不定冠詞のついた名詞を定冠詞のついた名詞のように訳してしまって、意味が大きく変わってしまったというミスを専門家に指摘され、長く落ち込んだこともあります。これだけ時間をかけてじっくり考えることの重要性を教えられたのに、私のせっかちな性格は頑固で、なかなか直りません。ついスピードに乗って論文を書いていると、事象を図式的に理解し、駆け足で説明しようとする。また、あまり環境のせいにしたくありませんが、私が院生の頃は博士号を早く取得することが当然と思われるようになり、それにともない、できるだけ早く論文を書くことが求められる空気が強くなりました。いまの文系の院生はもっと大変です。できるだけ効率良く論文を書く能力が求められ、道草をしている時間がますます減っています。これでは、学問は先細りしてしまいますね。

そんな時代だからこそ、伊原さんのいう「でも何か変」と言える勇気とゆとりが指導側にも学生にも欠かせません。最近、スローリーディング、つまりゆっくりと読書をする行為がもたらす創造力を感じます。雰囲気に飲み込まれて、思考停止になるのはまさにファシズムの心理ですから、あえてそのような心がけをするぞと言い聞かせています。

責任が曖昧な言葉

「でも何か変」という伊原さんの言葉を読んで、思い出したことがあります。京都市は、放置自転車の撤去があまりにも厳しく、撤去されると保管料三五〇〇円を奪われます。にもかかわらず、市内に自転車を停める場所は少なくて、三十分以上経つと有料になるところも多いので、自転車に乗っているメリットが失われます。京都市はマイカーの制限をし、ＳＤＧｓに貢献しようとするのですが、矛盾しているとしか言いようがありません。無料で停められる場所を確保するのが、公的なサービスを納税者に再配分する市の役割なのに、どうして市民税を払う住民にばかり、さらなる負担を求めるのか理解できません。私が「変」と感じたのは、しかし、そのことばかりではありません。伊原さんもお聞きになったことがあるでしょうが、自転車の撤去のミニトラックがやって来るとき、路上で呼びかける録音された声に毎回いら立ちを覚えます。放置自転車を「京都市において撤去します」という曖昧な言葉。「において」というのは英語のatに近く、場所や時間や観点を示す便利な言葉です。あまりにも曖昧なので私は使わないようしています。しかも、「京都市において撤去します」だと、京都市の責任をぼかしているように感じてなりません。はっきりと「京都市が撤去します」か「京都市によって撤去されます」か「京都市が委託する作業員が撤去します」などと言えばよいのですが、責任が曖昧にされて、毎回、気になってしまうがありません。それと、自転車の駐輪環境が劣悪なままで、自転車の放置は景観を汚し歩行者の安全を奪います、と主張する京都市の無責任さが重なって見えるのです。

さらにいえば、伊原さんの話を読みながら、丸山眞男がいう日本の「無責任体系」を現在にいたるまで支えてきた言語的な基盤についても考えました。そもそも、日本語を使っている間、主語が省略されやすく、「誰が?」という問いが奪われやすいことはしばしば指摘される通りでしょう。敬語が主語確定のヒントになりますが、あとは文脈で探すしかない、という状況も少なくありません。それだけではありません。財政がピンチです、緊急事態です、有事です、文書が見当たりません、というように、誰かがその原因であったはずのことを、あたかも「天災」かのように扱う言葉は豊かです。そのような法律になっています、そのような決まりになっています、こういう状況ですから動かしようがありません、というような「状況」が主語となって、伊原さんのいう、小さな「動き」がそこから排除されてしまいます。

円形の効果

責任の話との関係で、最後に円の話をさせてください。お金の円ではなく、円形の円です。最近、坂上香《さかがみかおり》監督の「プリズン・サークル」という映画を鑑賞し、同名の本も読みました。映画は、ブレイディみかこさんとオンラインで対談したときに強く勧められていたものです。窃盗、強盗、性犯罪、殺人まで、いろいろな罪を背負った人間を対象とした島根県浜田市の男子刑務所「島根あさひ社会復帰促進センター」の更生プログラムを追ったドキュメンタリーなのですが、激しく心を揺さぶられました。

ここは官民混合型の刑務所で、Therapeutic Community と呼ばれる実践がなされています。「回復共同体」と訳されますが、この実践中は、受刑者（この施設では訓練生と呼ばれます）たちは番号で呼ばれず、名前で呼ばれます。ときに笑いも起きます。日本はとりわけ、厳罰主義の意識が強く、刑務所での人の扱い方が人道的でなく、国際社会からも批判されており、「島根あさひ」も必ずしもそのような状況から自由であるわけではありませんが、しかし、他の刑務所と比べると比較的自由度があります。映画では、円を描くように座り、自分が家族に虐待されたり、学校でいじめられたり、それを教師に無視されたり、父親や上級生にタバコを手に押し付けられたりした過去を少しずつ、他の参加者や支援員からの質問を受け、ときに涙を流しながら語り始める。あるいは、自分が罪を犯すに至った過程から逃げてきた訓練生たちが、少しずつその過程を辿り直すことで、初めて自分の罪の重さにおののき、ゆっくりと向き合い始める、というものです。

遺族のいつまで経っても癒えない気持ちを考えれば、このような映画を公開することに違和感を覚える人もいるかもしれません。しかし、この映画が凄まじいのは、ほんの一歩足を違う方向に向けたなら、あるいは、自分の苦しいときに友達や家族が一言声をかけてくれていなかったら、私もこの刑務所に、このサークルに入っていたかもしれない、という、かなりリアルな感覚を嫌というほど覚えるところです。

私がこの映画で重要だと思ったのは、訓練生たちが「サークル」、つまり円を作って語り始めることです。一対一でペアを作って話すこともありますが、三人で三角形を作って話すこともあります。三人の場合、会話が複雑になるので、意外な本音が出やすいように感じました。「円《まどか》であること」もまた、数学と人文学の対話で重要なものかと思いました。たとえば、二人が円を囲めば、一人につき視線は残りの一人に向ける余地があります。他方で、小学校のような前を向くだけの教室では、児童は前に座っている子の背中か、あとは先生の視線と一対一勝負になり、視線の角度がずれると注意さえされます。「プリズン・サークル」を観て、私は、伊原さんと往復書簡をしているからかもしれませんが、円形のもつ不思議な効果を感じました。

円の中で、言葉が次第に本音になっていく。言葉が出なくなることもある。言葉が重くなる。言葉に責任が伴うようになる。アイスブレイクと責任が同時にやってくる。中心に人はいません。ただ円周に沿って人がいるだけ。

「仕立て屋のサーカス」という舞台パフォーマンスを主宰している曽我大穂《そがだいほ》さんが私の講義を見にきたときにも、「藤原さん、もっと学生たちのあいだに入ったらいいのに」「藤原さんを見るふりをして、他の生徒の顔や窓の外の風景を見られるのに」と指摘されてハッとしました。曽我さんは、観客にぐるっと囲まれた円形状の舞台で仕立て屋のハサミやミシンの音が鳴りひびく中、いろんな楽器を演奏する、世界を駆け巡るアーティストです。私もこの前、仕立て屋のサーカスのパフォーマンスのひとつとして京都や東京で食のゼミを四十分間やりましたが、円形だと観客の目線が私を媒介にして無数に輻輳《ふくそう》したり、散らばったりするので、私の口から放たれる言葉が、一言一言重くなり、どこか共同作業のように感じました。
円と線。ぜひ、伊原さんに円という図形について、もしも何か私たち人文学者にも意義あることがあれば語っていただきたい、と密かに思っています。すぐにとはいいません。気が向いたときにでもお願いします。

（二〇二一年五月）

Ⅱ-4

大学の使命とは？

伊原康隆

言葉の曖昧な使用全般に対し、我々は寛容過ぎ、それが支配者側の誤魔化しや責任逃れを許してきている、ご主旨に全く同感です。文、理それぞれの視点から感じたことを照らし合わせてこられましたね。

ご書簡の「島根あさひ社会復帰促進センター」のお話も、とてもいいですね。それで思い出したのは、江戸時代の「石川島人足寄場《よせば》」。浅間山の大噴火から江戸に逃れてきた大勢の無宿の避難民を、幕府がこの島（隅田川河口の三角州、現在のウォーターフロント）に集めて収容所に入れた際、牢獄的なものではなく、仕事を覚えさせ殊勝な働き者には道具や資金を与えて娑婆に戻していたそうです。悪いことをしたわけではないから囚人扱いでないのは当然とはいえ、「懲罰主義から教育刑へ、画期的な施策で世界の牢獄史に照らしても、むしろ先駆けていると言う」（小沢信男「長谷川平蔵と石川島人足寄場」『江戸・東京を造った人々1』ちくま学芸文庫、二〇〇三年）。

ところが、明治になってから、そこは「石川島懲役場」そして「監獄署」となってしまったとのこと。江戸時代のほうが「然るべき人物がいて然るべき人を起用していたため」マシであったようですね。

さて、時事がらみの事情により今回はタイトルの話を中心とし、藤原さんご要望の「円に関連した話を何か」については次回に回させていただきたいと思います。

研究には年月がかかる

本当に学びたいと思ったら、なるべく「ゆっくり」学びましょう。研究段階でも「じっくり」が大切でしょう。何故こんなことをわざわざ偉そうに書くのかというと、このゆとりを大切にしない風潮の強まりが無視できないと感じるからです。それは、環境と個人の双方、の問題ですが、まず環境、それも大学での研究環境についての話からしたいと思います。今回は、後半に言及する事態に対する「緊急アピール」としての意味もこめております。

大学も当然、社会の中にあって財政的支援を受けて成り立っています。学生の教育に加えて学術研究への資金を得るためには、

「長い意味」で研究の成果が社会に「還元」されなければならない

これはある意味では当然だと思いますが、問題は「還元」と「長い意味で」の語感が世間そして政治家たちにどう理解されているかでしょう。双方に対して私なりの意見があります。どこまでを「還元」とみるかは文化の価値の受けとめ方に左右されますね。文化の価値の軽視傾向への危惧の念は他所で書かせていただきました。

「長い意味」のほうが今日の主題と直結します。「研究らしい研究」には如何に長い年月がかかり、それが世間に理解されるのには如何に更なる年月がかかるのか、実例をいくつかを挙げてみましょう。

・

まず「成果とはすぐ役に立つこと」という考え方に対して…

「電磁気学の父」と後によばれるようになったマイケル・ファラデー。

「そんなことが一体何に役に立つのですか？」

一般のご婦人からのこの質問に対しての彼の答えは

「貴女は生まれたての赤ん坊が将来どういう役に立つのか答えられますか」

そして国会議員からの同じ質問に対しては
「今に貴方は電気に税金をかけろと主張するようになるでしょうね」
だったとのこと。

痛快のみならず味わいも深い返答ですが、ここで更に肝心なのは、ファラデーに限らず、そこに至るまでの萌芽《ほうが》的な研究が必要だったわけで、その資金は無理解な政府の介入によって阻止されてはいなかったということ。研究対象と方向性の選択は研究者たちに任せるというのが文化を育てるための政策の基本であり、当時のイギリスではこの基本は理解され守られていたということを、どこかの国の政府も肝に銘じてほしい。

ちなみに、元は化学分野だったファラデーは、後にクリミア戦争の際、化学兵器の作成を政府から依頼され、断固として「作ることは簡単だ。でも絶対に手を貸さない！」と断ったといわれています。

•

次に、価値判断は先入観に左右されやすいという事例。
集団遺伝学の創始者であるJ・B・S・ホールデンは、学術上の新説は相手側の四段階にわたる反応過程を経て初めて受け入れられる、と風刺しています。
まず
（1）馬鹿げたナンセンス（worthless nonsense）
と言われ、
（2）面白いけれどひねくれた見方（perverse point of view）
（3）正しいけれど重要なんかじゃない（quite unimportant）
そして時が経ってからは、開き直って、なんと
（4）自分はいつもそう言っていた！（I always said so）

スケールは違いますが私の初期の研究でも思い当たることです。これらに加えて、関連性の新しさが理解されず、キーワードだけしか見えない「識者」からの「そういうことは○○（有名人）さんたちがやっていますよ」もありました。客観的という名の外部評価を求めると、どの壁に跳ね返されるのかな。

以前、ＮＨＫの「クローズアップ現代」で（なつかしき）ベテランキャスターの国谷裕子《ひろこ》さんが、締めくくりに「なるほど、独創的な研究を育てるために、研究費をもっと重点的に増や

ないといけませんね」と相槌をうったときに私が呟いたのは「独創性」と「育つ段階では周囲に価値が理解されていない」は表裏一体ではないの？でした。そんな早くから価値がわかられるのは独創的ではないのに、と。

あるエンジンを共同開発した二人がなかなか受け入れてもらえなかった時期にそのエンジンにつけた名前が「タマルカエンジン」だったとか。簡単にわかられてたまるか！　この気概が成功のもとでした。

「良い研究には時間がかかる」の例外は、ある有名な問題を解けるための材料が整いつつあり機運も高まってきていて、あとは「誰が最初に」ゴールに飛び込めるかという（スポーツ競技でわかりやすい）場合です。

これに対して、見えていなかった問題の発見や分野自体を切り開くという貢献の価値が大勢に認められるのには何十年もかかる、また、今までの常識を覆す理論を作った人々はさまざまな角度からそれを見直すことで並みいる反論を時間をかけて論破してきたわけでしょう。こういう例も枚挙にいとまがありません。

私事で大変恐縮ですが、ある学術賞をいただいたとき夕食会で文部科学大臣が受賞者たちに「でも、もっと若い方々かと思った」と漏らされました。「始めたのは若い頃で、認められるのに何十年もかかったのですよ」と、どなたか代表で言ってほしかった。年月がかかるということが理解されていない。

若い人たちの仕事は実績ではまだ評価できません。では、見込みのありそうな研究に着目して推挙できるのは誰でしょうか。それは、身近にいて、あるいは論文などで知り合ってディスカッションしたことがあり、当人の視点や切り込んでいく力に強い印象を受けてきている先輩の研究者だと思います。新しい考え方が成果らしい成果を出すまでは、運不運もありますが、かなりの年月を要するものです。

ですから大学の教官たちに任せるべきだと思います。若い人は自分に合った先輩を探し続け、最初うまくいかなくても「捨てる神あらば拾う神あり」で拾ってもらうことを考える、これが本道でしょう。数学では、後に彼の名を冠して呼ばれる「双対性」を思いついて追求していた若い頃のロバート・ラングランズも、論文数が足りないとの「客観的評価」を受けて立腹したのか（当時私もご一緒だったプリンストン大学から）拾ってくれた他大学（エール大学）に移りました。

国際卓越研究大学制度のこと

さて、現在参議院で審議中の「国際卓越研究大学」法案が通って適用されるようになったら、ますます心配になりますね。潜在的な候補となりそうな大学では、どんな研究計画が立てられ、研究分野ごとの重視と軽視が学内においても色分けされていくのか、暗澹《あんたん》たる思いです。選ばれた大学でも特定の研究に資金が集中する一方で他方面は痩せ細る。そして研究者はいつも短期的な視野に拘束され研究計画の作文に時間をとられる。大学は「文化」を早く作って安く売るコンビニで学長はその店長……であってほしくありません。

藤原さんは勇気がおありで『毎日新聞』(二〇二二年四月二十八日夕刊「「国際卓越研究大学」研究破壊を加速」)に、この法案への危惧の念を表明され、反対声明への署名参加の呼びかけもされ(私も当然賛同)ましたが、多くの大学教員が、やれ反対すれば自分が所属する大学に迷惑がかかるだろうとか、大学内での自分の立場が悪くなるだろうとか、やれ無駄なことはしたくないとか、忙しいからとかで反対運動が盛り上がらないとすれば大変残念なことです。学者は一蓮托生《いちれんたく しょう》のはずなのに。数学は比較的資金がかからない分野だし、政治への関心が(以前は)薄かった時期も長く、私にはこれを憤る資格がないかもしれないのですが、少し広い範囲でなら、やはり「義憤が希薄になっている」ような気もします。

私が心配していることのもう一つは大学の分断化です。卓越クンに選ばれた大学とその他との、たとえば人事交流はどうなるのか、そして、卓越クンの中での分野横断的な研究はどうなるのか。たとえば藤原さんと私（の後輩）、人文科学と数学という一見かなり離れた分野に見えますが、現在の私の目でみると、本質的な交流を推進すべき二分野ではないか。具体的に、例えば次の問題について誤解があったら解いていきたいな。

理系の人間は○○だ、といわれても

——理系の人間は、追求心が際限なく進むという心理的な傾向があり、それによって恐ろしい武器を作る歯止めのブレーキがどうも弱いらしい——

これは重大な問題に触れていますが、ただこう言い切って文系理系が相互理解を少しでも深めてミゾを埋めようとせずに離れたままで終わりとしないため、双方の知性をどう生かせるでしょうか。先述のファラデーは偉大で、決してそういうことには手を貸そうとしなかったのですが、一般的に理系の人間は「技術的に出来ることは、良いか悪いかの判断を飛び越えてやってしまおうとする」心理的な傾向を持っているとは思います。卑近な例では理系の同窓会がZoomを使用してオンラインで行われた際に、その記録を「保存できるから保存しよう」（老化の記録を保存してどうする！）。また、大ホームランのリプレーで高々と舞い上がった飛球を追跡しそこだけに焦点をしぼる技術ができたら「いつもそれ」ばかり。だって大ホームランの映像で効果があるのは、唖然として空を見上げるだけの外野手であって、単独のボール自体には何の意味もないのに。要は、ちょっとでも考えるということを全くしないで面白がるのです。

他方、理系への批判には論理の飛躍も感じます。図式

理系　↓　「出来る＝やる」　↓　武器開発に加担　↓　けしからん

を書いて↓を論理記号と見ると「だから理系はけしからん！」となってしまいます。二つ目の↓は「原因の一つになりうる」というだけであって、ファラデーの例が示すように論理記号ではなく、その周辺の分析にこそ、知性らしい知性の役割があるのでした。これは、J・パール

とD・マッケンジー『The Book of Why』が示している方向（一つの↓と考えられていたものを、逆向きの↑も含む複数に分解する言葉を作る）でもあります。数学では、矢印は構造をもつ二つの集合の間の「写像」A↓Bとして主に用いられ、「含まれる」という関係と「類別」との合成に分解して研究されます。たとえば先の図式の最初の↓は、「理系」を「理系の多く」に、「出来る＝やる」に「傾向がある」をつけて初めて矢印になり、それは「含まれる」に近く、真ん中のはどれでもなく、最後のは強いていえば「類別」に近いのです！

梅雨が長引きそうですね。私はカラッとした地中海性気候も大好きですが、ジメジメした緑の濃い日本の六月もじわっと楽しんでいます。次回もどうぞよろしくお願いいたします。

（二〇二一年五月）

Ⅱ-5　異端を育てるために

藤原辰史

伊原さんの渾身のご批判、これを読んで私にどれほど勇気が湧いてきたか。伊原さんの真っ当な、そしてご自身の学問の深い経験に根差したご批判を読むと、逆に、現在の学問のあり方が本来的なあり方からどんどん遠ざかっていると感じました。

伊原さんのご批判が公表されたあとにもかかわらず、国際卓越研究大学法案は残念ながら国会を通ってしまいました。世界中の数学者たちと深く、互いに敬意を持って関係を築いてきた伊原さんのような人の言葉は、もっと政治家たちが耳を傾けるべきだと強く思います。にもかかわらず、もう既定路線であったかのようにあっさりと通ってしまいました。

この法案は、私の同僚の卓越した比喩によると「毒と書いてある毒まんじゅう」にほかなりません。

国際卓越研究大学に手を挙げれば、数百億円という研究費と引き換えに、経済原理に学問の魂を売り渡すことになります。市場価値のない研究にはお金がつかない傾向はますます強まるでしょう。こんな「毒まんじゅう」を、早速「うまそうだ」と舌なめずりをしている大学がいて、しかもそこに京都大学も入っているわけで、暗澹たる思いになります。毒が回ってからでは遅い、とここではっきり申し上げたいと思います。とくに、あえて、誰からも評価されにくいジャンルに挑戦しようと思っている若手の思いを挫《くじ》くことにつながります。

歴史学の「異端」

今日は、伊原さんのご指摘に勇気づけられ、とくに人文社会科学系から見た「異端」のお話をしたいと思います。

独創的研究のすべては異端から始まる、最初は理解されないが、徐々に理解されるようになる、だから時間がかかるのだ、という伊原さんの言葉に何度も頷きました。人文系の学問も同じなんです、と声に出したくなりました。現在のような短期決戦型、社会への即座の還元が求められる研究ばかりがはやれば、日本という国からはもう新しいことがほとんど生まれなくなり、生き生きとした空気が日本の文化から失われていくでしょう。

私が馴染んでいる歴史学という領域では、この百年で新しい「歴史の見方」があらわれた夕イミングが何度かありました。いうまでもなく、どれもが最初は「異端」であったのですが、次第に多くの人がその方法論を認めるようになって定着してきました。王侯貴族や政治家など著名人たちの華やかな活動よりも、名もなき一般人たちの活動こそ重要な歴史の中心である、という観点を掲げて世界を席巻したのが「社会史」（あるいは「日常史」）。男性たちばかりが登場する歴史の中で多様な性のあり方に着目しつつ、男性と女性という二つの型に与えられた役割がどのように社会に影響を与えてきたのかを明らかにする「ジェンダー史」。歴史に登場するのはいつも人間たちだが、人間たちの暮らしの条件である自然環境にもっと着目せよと世に出てきたのが「環境史」。虚構に描かれた文学表現を分析し、現実で起こっていることとの緊張関係を明らかにする「文学史」。そして、科学の営みを歴史の営みの重要な局面としてとらえる「科学史」。私が大きな影響を受けた歴史の変革は、主として以上の五つです。それぞれ厳しい批判を受けつつも、単なる「異端」的な扱われ方を脱却し、現在では、重要なジャンルであると認識されつつあります。

ただ、日本の歴史学はどちらかというと、内発的な「変革」を世界に向けて発信してきたというよりは、このような海外の「変革」を紹介しながら、変容を遂げてきました。そんな中で、単なる紹介に終わることなく、主体的な変革を求めてきた歴史学者も少なからずおられて、私も多くを学んできましたが、伊原さんが論文を発表し、世界の数学者を瞠目《どうもく》させた、というような迫力にはどうしても欠けます。おそらく、その理由は日本の歴史学者が独創的でないから、ではほとんどなく、多くが日本語で発表してきたからだと思います。それも悪いことではありません。日本語は、漢字とひらがなとカタカナの組み合わせでかなり表情豊かで多言語併存的叙述が可能です。主語が省略されるので、多少論理展開に難がありますが、曖昧翻訳も他言語にもまして蓄積されているため、すくなくとも人文社会科学の分野では深い議論がしやすい、と私は感じています。

それにしても、やはり日本の歴史学の担い手が、どこか「紹介者」の域を脱せられないのは、ちょっと残念な気がしますし、反省しています。私たちも海外の学会で発表を何度もして、日本語以外の論文もたくさん書いてきましたが、それでもまだまだ日本の学界に意識が向きすぎていると反省します。国際卓越研究大学の制度は、一見そんな状況を克服する手段だと思われがちです。たしかに海外の一流雑誌への投稿は増えるかもしれません。ですが、ときの政府や経済界の意向に沿った研究が求められるならば、真の意味での世界的な研究にはならないと危惧します。

ではそんな状況下で、異端の学問をのびのび育てるために、学問の商業化・産業化に抗する人文社会学者は、どうすればよいのでしょうか。

洋モノを封印する

スカッとするような答えはもちろんありませんが、ヒントとなるのは、民俗学者の赤坂憲雄《あかさかのりお》さんの言葉だと思います。一時期、海外で執筆された文献を一度も読まない時間を作ったことがあると、あるとき私に言っていて、私はずっと海外の歴史概念を学んできていましたから、ずっと心に残っていました。赤坂さんは、のちの私との往復書簡でもこのことに言及しています。

一九九二年に山形に拠点を移したとき、わたしははっきりと、洋モノを封印しました。これからは、東北というフィールドで自分なりの歩行と思索のスタイルを探しながら、言葉そのものを編み直してゆこうと、ある覚悟だけは固めていたのです。

（赤坂憲雄＋藤原辰史『言葉をもみほぐす』岩波書店、二〇二一年、二八頁）

私は「洋モノ」を捨てる勇気はないですし、これからも捨てるつもりはありませんが、文化の果てる田舎から学問の世界に入ったこともあって、農家のおっちゃんやおばちゃんたちが見向きもしないような難易語は使わないことを自分と約束し、いまもそれを可能な範囲ですが、履行《りこう》しています。私たちの世代ではまだ、英仏独の哲学者や思想家の翻訳概念を振り回せば（そこにアジアや中東の言語はほとんどなかったのが問題ですが）、それで箔《はく》がつくと考える院生や教員が少なからずいました。あろうことか、そういう人に限って「異端」を気取ることさえありました。

そうではなく、一から、自分の言語であらゆる事象を考え直すことで、どんなことでも、深く理解した権威を取り外して、透明な心で先達たちの業績を学べると信じていますし、そこからしか学界の権威に対する本質的な違和を感じ取ることができず、正面からの批判もできない。とくに、概念先行を許さない歴史学の構えは、そういう方法に馴染みやすいと思います。私の貧しい海外での研究発表の経験からしても、自分で発掘した資料をもとに自分の頭でひねり出した英語のほうが、誰かネイティヴ・スピーカーに翻訳してもらった英語を読み上げるよりも、あとの反応がよいことが多いです。私のように哲学から農学まで何でも手を伸ばしてしまう人間は、正統的な歴史学からすれば異端ですし、そう思われたり、それゆえに疎んじられたりしたことも多々ありますが、それは例外で、基本的には居心地の悪い思いをしたことはあまりありません。私が学問の訓練をした大学院人間・環境学研究科でも、最初の職場である人文科学研究所でも、自分が正統から外れた存在であることを意識することは少なかったし、私の同僚や友人たちがそれぞれの「異端ライフ」を自然体で楽しんでいたので、突然変なことを口走っても排除されない、という安心感がありました。

私たち中堅以上の研究者に課されているのは、基本的な学問の練習を踏まえたうえで、借りものではない概念で考える時間を若手に存分に与えることであり、既成の学説への違和感を覚えつつも、それをどう昇華させるかに悩んでいる若手と勉強会をすることであり、奇抜なアイディアが浮かんだのに誰も相手にしてくれない若手が、すくなくともその思いを書くことのできる媒体と、誰かが話を聞いてくれる椅子とテーブルを準備することです。私も、微力ながら、友人たちと、若手が勉強しやすい「京都歴史学工房」という名前の研究会を運営していますが、まだまだ十分ではないという自覚があります。

とにかく、政府が押し進める厳しい研究者競争の中で、レースに勝ち残ることに精一杯である学生に、そのような時間と余裕を持ってね、と安易には言えない状況が続いています。とにかく、この国の学問には困ったことばかり起こりますね。

（二〇二一年六月）

Ⅱ-6　理想と現実のずれから生じる回帰性

伊原康隆

新緑の頃のご書簡（「サークル」について）で「円に関して何かを」とのご要望をいただきました。夏休みの学生たちを安価に泊めてくれていた山寺、畳の大部屋、それぞれ勉強に疲れるとやってきて輪がうまってくる「車座」、そこでの「何か」の共有、懐かしい思い出が多々ありますが、どうも収束しにくい。そこで今回は六月の「一葉」として「目線の変化と複素解析関数」の話を展開し、六月のご書簡へのお返事は来月以降にさせていただきたいと思います。

目線方向と歩み方向のずれは、理想と現実のずれからも生じるでしょうから、それがどういう周回運動をつくるかは、人の思いと行動に関する問いでもあると思います。そこに複素解析関数が登場する仕組み、それと対応して時間軸にも虚数（I－8の後半参照）を導入すると視界がどう開けるか。こんな話をお聞きください。

目線と行く先

普通歩くときは目線を（基本的には）体の正面に向けて歩きますね。ここでちょっと空想してみてください。眼が一つしかなく、それが顔の正面からある角度（たとえば直角）偏ったところにあるとするのです。そして平面の上を

「目線を特定のランドマークから動かさず足先は顔の正面方向に向けて歩き続ける」

と、どんな行路をたどるでしょうか？

たとえば眼が正面の左直角方向にある場合、その答えは「ランドマークを中心とした円周を左回りに回る」ですね。数学の授業では「円の径と接線は直角に交わる」と教わるし、スケートで円を描くには「目線の角度が大切」とも遊びの中で教わりました。

一般の場合の定性的な答えは、眼が真横より前方の場合は「回りながらランドマークににじり接近」、後方の場合は「回りながら限りなく遠ざかる」となります。これも大まかなスケッ

チを紙あるいは心に描いてみれば見当がつくでしょう。

連想される社会問題との関係は?

これらが人間社会の問題と一体何の関わりがあるのか、想像をたくましくしてみましょう。まず、社会状況を表せそうな指標を数個選び、それらを座標とする空間の「点」によって(各集団の時々の)社会状況を大まかに表現できるものと仮定する。そして時間軸をその空間に

時間軸 → 社会状況の(一つの)表現空間

という対応で埋め込み、これを「運動」とみなすのです。「歴史は繰り返す」は、この運動がほぼ周期的に「どこかを回っている」ことでしょう。単純な動きの場合は「中心点らしき」ものがあるかもしれませんね。ブランコ底部の動き(実質一次元)にも中心があり、子供は大きく揺らしたがるが、生じたブレは中心に戻らせる力によってもとに戻り、さらに慣性によって今度は逆方向にブレる、この繰り返しですね。指標を一つでなく(まずは)二つにして平面で考えても、やはり何らかの中心点の存在を仮定してみたくなります。それは、格差最小の状況で

しょうか。

いずれにせよ、社会あるいは指導者が、現在進行中の方向（顔の正面）が理想とする方向（目線）と「違うぞ」と考えれば前述のような動きになるのではないでしょうか。方向の相違が直角なら円を描き、それより狭ければ内側に入り込むように回り、広ければ回りながら遠ざかる。それらのゆらゆらが歴史が描く曲線ではないか。

それにしても中心点、目線、社会状況をなるべく簡潔に表せる二つの代表的指標とは一体、何でしょう？

＊

複素解析関数は角度を保つ写像

当初の問いを、広い観点から眺めやさしく解くには、複素解析関数が必要です。複素関数とは「変数も値も複素数」の関数のことで、複素数 z にその多項式たとえば $f(z)=z^2$ を対応させる $f: z \to z^2$ はその一例ですが、幾何的には複素平面から複素平面への写像に他なりません。「関数」というと式を連想しますが「写像」ならそのイメージで理解したくなるでしょう。複素関数の理解は幾何的なイメージから入るべきです。以下、変数が動く複素平面を $\mathbf{C}_1$、値が動く複素平面を $\mathbf{C}_2$、そして写像とみた関数を f と記します。

$$f: \mathbf{C}_1 \to \mathbf{C}_2$$

$f(z)=z^2$ の場合、$\mathbf{C}_1 \to \mathbf{C}_2$ によって原点からの距離は２乗

に、そして $z \neq 0$ では x 軸の正の向きからみた角度は2倍になる写像です。これから扱う複素解析関数は、多項式よりはるかに一般的で、実数の微分で想像される「なめらかな写像」よりはるかに狭い（自然現象が選んだ選択とマッチするので有用！な）対象です。それは、「f は $\mathbf{C}_1$ の通常点 z で複素関数として微分可能」ということ（通常点とは孤立した例外点を除いた残りという意味）で、幾何的感覚でいえば「ごくごく短い親指と人差し指を好きなように広げ付け根を z に置くとき f はその「形を変えない」、いいかえると「両指のなす角度も両指の長さの比も保たれる」ただし小さい小さい極限でということです。さきに幾何的イメージで説明しましたが、本来の微分の言葉では、$\mathbf{C}_1$ の点 z において f が（複素）微分可能とは、z に別方向から接近する2点 z', z'' をとっても、z, z', z'' の像 w, w', w'' に対して

$$(w' - w)/(z' - z) = (w'' - w)/(z'' - z) \qquad ①$$

が（極限において）成り立つこと。しかしこれは明らかに

$$(z'' - z)/(z' - z) = (w'' - w)/(w' - w) \qquad ②$$

と同等ですから先に述べた幾何的説明、つまり z, z', z'' を頂点とする三角形は z の微小な近傍において形を変えないことと同じです。特に左辺の角度（arg と記す）、つまり $\arg(z''-z) - \arg(z'-z)$ も写像 f によって保たれるということを意味します。こういう写像を等角写像と言います。

•

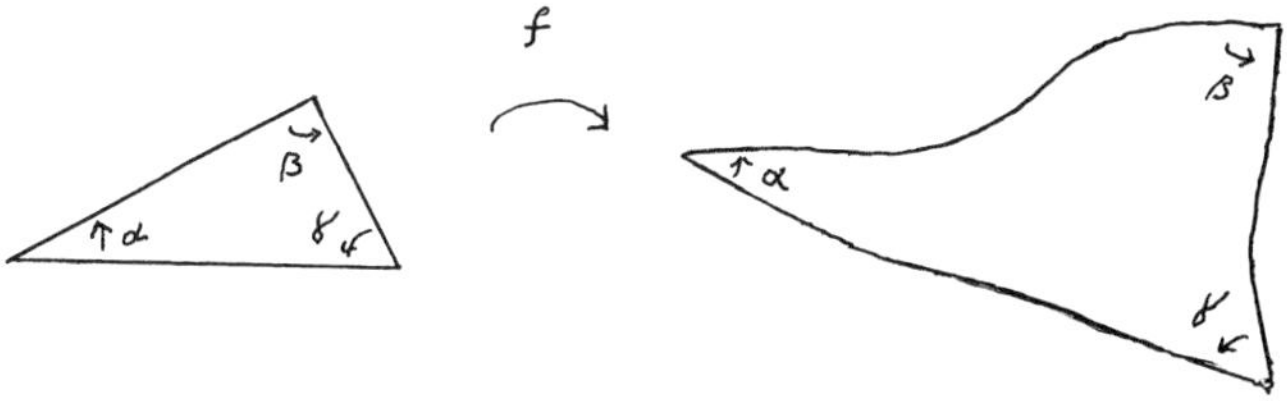

実数関数では、微分可能性は「なめらか」というだけのありふれた条件で誰の関心もひきつけませんが、複素変数ではこのように「局所的な形を保つ」という非常に強い条件を内包しているのです。実軸上のなめらかな関数を複素解析関数に延長できるかというと大抵は不可能だし、可能な場合も一通りに限られます。

問題の見直しと発想の転換

これらを踏まえて当初の問題に戻りましょう。時間は、単位を決め（たとえば秒）出発時を原点とした実数で表しますが、実数全体 $\mathbf{R}$ を複素平面 $\mathbf{C}_1$ の x 軸と同一視してこれを時間軸とみなし、運動は時間軸（の負でない部分）から $\mathbf{C}_2$ の中への写像とみなします。$\mathbf{C}_2$ にはランドマークがあるのでそれを原点 O に置き出発時の位置は 1、つまり $0 \to 1$ としましょう。次ページの図では、運動中の各時点 $t \to w$ での瞬間速度を（①の極限値で dw/dz と表される）w から発する矢印で表します。矢印の向きと長さが瞬間速度の向きと大きさを表すのです。また位置 w 自体も「O からの距離と向き」を持っています（破線矢印）。

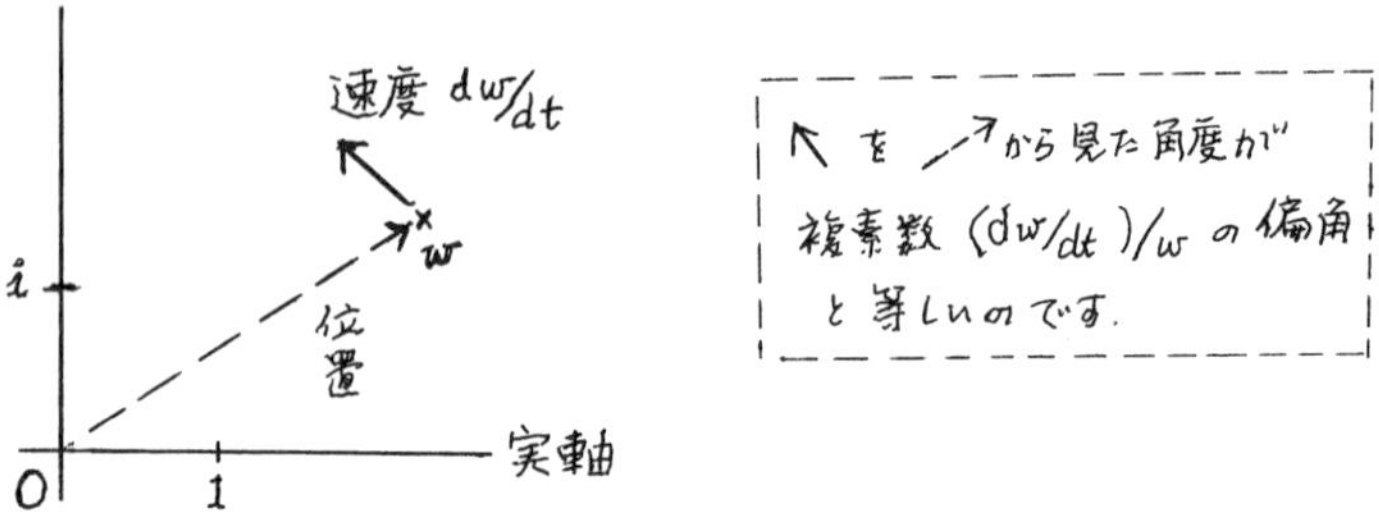

そして問いの条件は「進む速度の向きと居る位置の（O からの）向きとの差は常に一定（たとえば直角）」ということでした。以後は、それぞれの矢印を、その長さと向きがそれぞれ絶対値と偏角に等しい複素数によって表すのですが、二本の矢印の向きの「差」は対応する二つの複素数の「比の偏角」と等しいことを踏まえておいてください。

ここで、もう一つポイントがあります。進む経路は進むスピードとは無関係ですから、スピードは w の絶対値 $|w|$ と常に等しいと仮定してもよいわけです。

速度は時間の微増に対する位置の微増の比ですから、前述のように dw/dt と表示します。次に上の図の破線の矢印は w そのものですから、速度に関する問題の条件は、dw/dt と w との複素数としての比が「偏角 $\pi/2$ で長さ 1 の複素数、つまり虚数単位 i」と言い換えられます。式では

$$dw/dt = iw \qquad ③$$

と、ごく簡単になりました（一般の場合は後述）。ここで発想を転換します。もし時間軸を広げて虚数 i に対して $z=t.i$ とお

学ぶとは｜数学と歴史学の対話

イハラ先生
伊原康隆

1938年生まれ。理学博士。整数論の研究で世界数学史に大きな足跡を残している。数学の世界では「宇宙人で別格」（by とある院生の言葉）

フジハラ先生
藤原辰史

1976年生まれ。歴史学者。ドイツ現代史、ナチズム、2つの大戦における食と農の歴史を研究している。現在京都大学にて教壇に立つ。

80歳を超えてなお、学びの手を止めない、一切妥協しない伊原先生と、そんな先生に学ぶことへの情熱をいっそうかき立てられた藤原先生。学問という広大な宇宙にあっては二人共いち学徒にすぎず。年の差も、文理の垣根も超えて、「学ぶとは」について真正面から向き合い、言葉を交わした二人の往復書簡集です。「習と探」「本物とは」などの概念的な話から、他言語学習、大学の使命、ウクライナ情勢、AI…等の具体的なトピックまで、二人のテーマは多岐にわたります。互いが身を置く文と理、それぞれの立場から発せられる言葉（たとえば、伊原先生にとっては「数式」もまたひとつの言語となる）は、共鳴することもあれば、時に相手を悩ませ、立ち止まらせることも。そうして深まっていく二人の議論、あるいは学問の火花こそ、本書の醍醐味でもあります。「『わからない』ということがこんなにワクワクするなんて！」とは、本書の担当編集のつぶやき。読者のみなさまはいかがでしょうか…？

装丁／寄藤文平＋垣内晴（文平銀座）　定価／¥3500＋税

シマ社の人文書

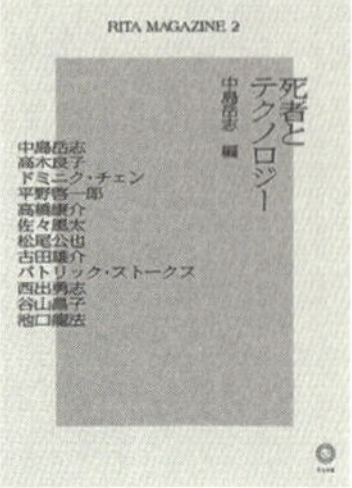

RITA MAGAZINE 2
死者とテクノロジー』 中島岳志（編）
ごと一冊「利他」をテーマにした雑誌の第2弾。
われつつある弔いの伝統、故人との関係に変化を
たらしつつあるAI技術。利他に深くかかわる「死
の問題」について多方面から考察します。（¥2400+税）

タイトル	著者	本体価格
生のしっそう 障害、兄、そして人類学とともに	猪瀬浩平	2,400
さき者たちの	松村圭一郎	1,800
いがけず利他	中島岳志	1,600
世紀の楕円幻想論 その日暮らしの哲学	平川克美	1,800
学の贈り物	森田真生	1,600
わいの力 「心の時代」の次を生きる	安田登	1,700

ことばを味わう

マンガです

みちこさん英語をやりなおす
am・is・areでつまずいたあなたへ』 益田ミリ（著）
0歳を機に英語の勉強をはじめたみちこさん。でも、
レレベルの基礎からよくわかっていないことに気づいて…。
生時代とちがい、今度はわかるまでじっくりと。その成
立ちや考え方から英語を見直すことで、語学学習の豊か
も、日本語のユニークさも再発見できます！（¥1500+税）

タイトル	著者	本体価格
野教授の この座右の銘が効きまっせ！	仲野徹	1,600
さん、ぼーっとする。 娘たち・仏典・先人と対話したり、しなかったり	白川 密成	1,700
ごい論語	安田登	1,800
葉はこうして生き残った	河野通和	2,400
代の超克 本当の「読む」を取り戻す	中島岳志、若松英輔	1,800
訳 古事記	鎌田東二	1,600

生活者のための総合雑誌「ちゃぶ台」

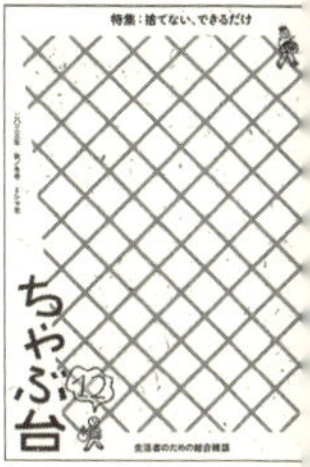

『ちゃぶ台12 特集：捨てない、できるだけ』

地球環境が「9回裏」(by藤原先生・本書P12)までできている今、「捨てる」/「捨てない」について考えます。土井善晴さんとゴミ処理最先端の町と呼ばれる徳島・上勝町へ取材に行ったり、藤原先生と「ボロ」「クズ」など、言葉からゴミ問題を考えます。(¥1800+税)

タイトル	著者	本体
ちゃぶ台 6 特集：非常時代を明るく生きる	ミシマ社(編)	1,6
ちゃぶ台 7 特集：ふれる、もれる、すくわれる	ミシマ社(編)	1,7
ちゃぶ台 8 特集：「さびしい」が、ひっくり返る	ミシマ社(編)	1,7
ちゃぶ台 9 特集：書店、再び共有地	ミシマ社(編)	1,8
ちゃぶ台 10 特集：母語ボゴボゴ、土っ！	ミシマ社(編)	1,8
ちゃぶ台 11 特集：自分の中にぼけを持て	ミシマ社(編)	2,0
ちゃぶ台 13 特集：三十年後	ミシマ社(編)	1,8

※ 創刊～5号の特集内容にについてはミシマ社のHPをご覧くださ

内田センセイの本

『街場の文体論』内田樹(著)

武道家・思想家の内田樹さんの、30年に及ぶ教師生活最後の授業「クリエイティブ・ライティング」14講をまとめた、熱い文体論にして、生き方論。「情理を尽くして語る」を軸に、日本文学や少女マンガなどあらゆる方向から「伝える」について語った一冊。(¥1600+税)

タイトル	著者	本体
増補版 街場の中国論	内田樹	1,6
街場の教育論	内田樹	1,6
街場の戦争論	内田樹	1,6
日本習合論	内田樹	1,8
日本宗教のクセ	内田樹、釈徹宗	1,9

ミシマ社サポーターを募集しています

2025年度（4月〜来年3月）のミシマ社の出版活動を応援してくださる「ミシマ社サポーター」を募集しています。サポーターの方々からご支援という形で受け取った「パス」を、一冊入魂の本作りを通して、次の読者へつなげてゆく。紙の本作りのおもしろさを共有し、次の時代・世代へ残してゆく。ミシマ社の活動の根幹をなす、私たちメンバーにとっても大切にしている場です。くわしくはミシマ社HP等のサポーターページをご覧ください。

＼三島より／

学ぶ。伊原・藤原両先生のまっすぐなやりとりを浴びながら、学問の世界に身をおく「学ぶ」ことは、人間がもちうる最大の喜びに他ならない。そのことを痛感しました。学びたい！この純粋な気持ちを1人でも多くの人たちと共有できれば幸いこの上ありません。

三島

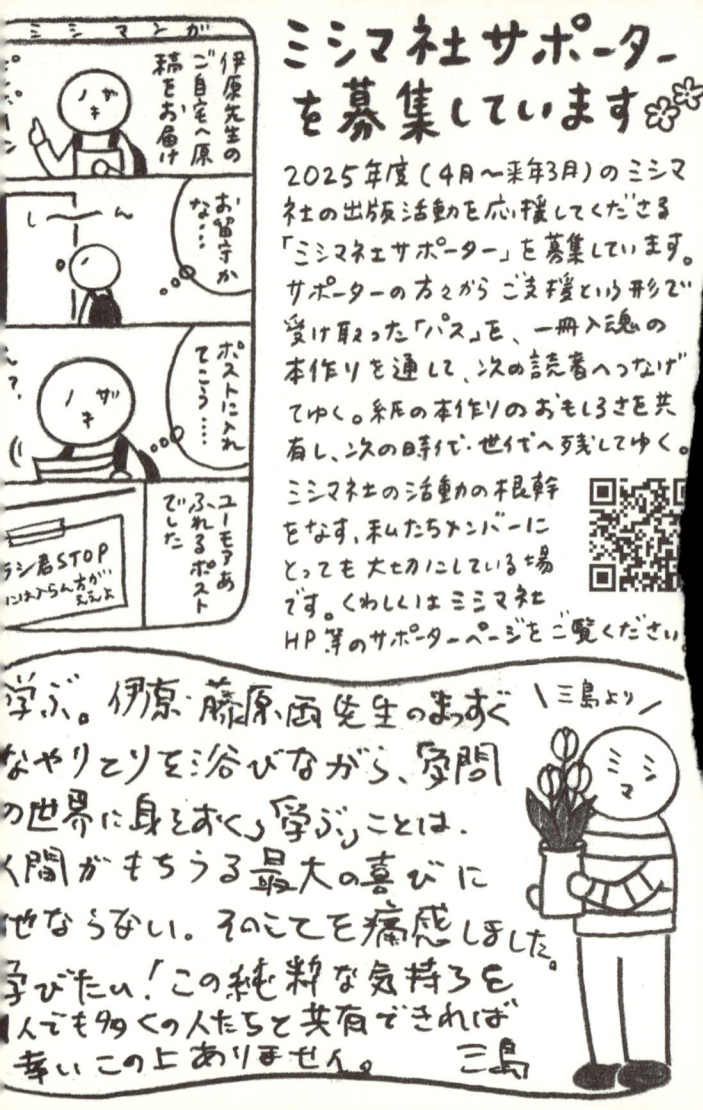

あわせて読みたいミシマ社の本

藤原辰史さんの本

『縁食論 孤食と共食のあいだ』

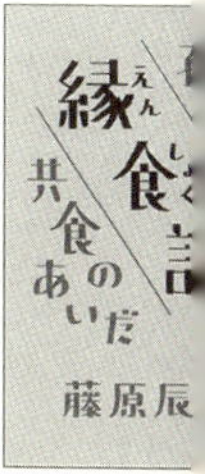

フードロスや子どもの貧困など、食の問題から社会や政治を問う一冊。食を通じたその場限りのゆるやかでしなやかなつながりを「縁食」と名づけ、子ども食堂や炊き出し、かつての公衆食堂や縁側文化などを例にその可能性を歴史学の立場から探っていきます。（¥1700＋税）

『中学生から知りたい ウクライナのこと』（小山哲との共著
『中学生から知りたい パレスチナのこと』（岡真理、小山哲との

現在進行形のウクライナとパレスチナの問題を、そこに暮らす人々がたどってきた歴史からとらえ直す2冊。日本から遠く離れた二つの国、しかしどこにあっても、かの地の人々も私たちも、共に生活者であることに変わりはありません。本当の意味で「世界」史を学ぶとは何か、について考えます。

（¥1600＋税）

（¥1800＋

『青い星、此処で僕らは何をしようか』（後藤正文との共著）

ミュージシャンと歴史学者。生年月日（1976.12.2）が同じ二人が、生年日の新聞を読み、共に映画を観、フィールドワークをして語り合う。次の世代のために、いま僕らができることって何だろう？（¥1800＋税）

ミシマ社通信

ミシマ

Vol. 136

025年4月号

春ですね✿ 新学期・新生活を迎えた方もいらっしゃるかもしれません。そうでなくとも4月はなんだか心機一転、新しいことを始めたくなる気分が高まるような気がします。今年の春、読者のみなさまがやりたいことは何ですか？

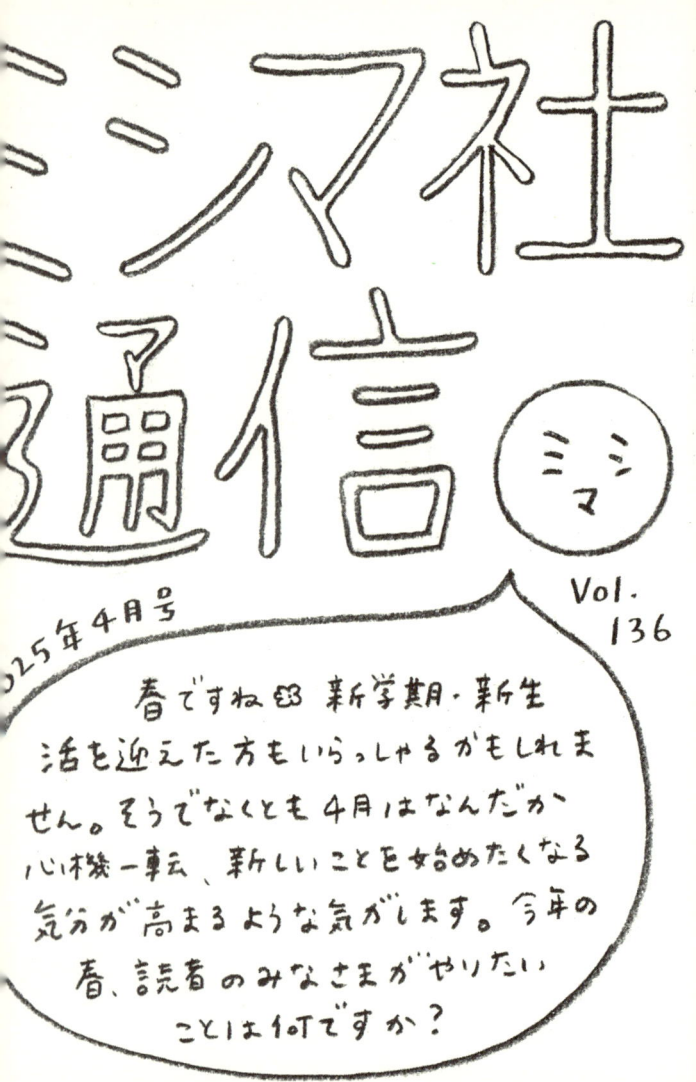

けば、方程式③は

$$dw/dz=w \tag{④}$$

となり、これは指数関数 $w=e^z$ が満たす方程式と同じではないか！　それなら e^{ti} が問いの（直角の場合）の答えとなり、さらに、i の代わりに与えられた偏角を持ち長さ 1 の他の複素数 ζ をもってくれば $e^{\zeta t}$ が一般の場合の答えではないか？　後に見るように、正にその通りなのです。（$e=2.718\cdots$ は、眼には見えないですが、円周率 π 以上に基礎的な定数です。）

指数関数の二つの顔

方程式④、即ち $dw/dz=w$ を満たす複素解析関数 $z\to w$ は、定数倍を除いてただ一つで、初期条件 $0\to 1$ によってその定数をも定めたものが指数関数

$$w=e^z$$

とよばれる基本的に重要(で素敵)な複素解析関数です。それは
　実軸に制限すると文字通りの指数関数
　虚軸に制限するとそれを円 $|w|=1$ に巻きつける周期関数

複素数まで考えて初めて見られるこの統合性が、一つの方程式と複素微分可能性というだけから、すらすら導かれます。

たとえば、和を積に移すという著しい性質

$$e^{z+z'}=e^{z}e^{z'} \tag{⑤}$$

の証明もたったの三行。「z'を固定して⑤の左辺をzの関数とみたものも④を満たす。だからそれはe^zの定数倍となり、その定数は$z=0$と置くことで$e^{z'}$と分かる」

上で予告した実軸上での振る舞いについては、まず$f(1)=e$によって定まる定数eはネイピア数または自然対数の底と呼ばれ、その値は$e=2.71828\cdots$です。そして⑤から派生する$e^{nz}=(e^z)^n$を、nが整数の場合、有理数の場合、連続性を使って実数の場合、と順次使えば、xが実数ならこの関数はe^x(eのx乗)、従って右向きに急上昇であることが判明します。

他方、虚軸yi上でyが0から出発するときの$w=e^{yi}$は、方程式③そのものが「1から出発するwの進路は、Oとwを結ぶ角度と直角で速度の大きさは1」ということをむき出しで示していますから、虚軸を（Oを中心とする）単位円$|w|=1$に等長で巻きつけていきます。式で書くと

$$e^{yi}=\cos(y)+i\sin(y) \tag{⑥}$$

特に$y=2\pi$で一周して　$e^{2\pi i}=1$、従って⑤と合わせて一般に

$$e^{z+2\pi i}=e^{z} \tag{⑦}$$

(指数関数の周期性)。また任意の複素数$z=x+yi$に対する値も

$$e^{x+yi}=e^{x}(\cos(y)+i\sin(y)) \tag{⑧}$$

•

と定まります。

写像 $\mathbf{C}_1 \to \mathbf{C}_2$ としての関数 e^z のイメージを描いてみましょう。

行く先は $\mathbf{C}_2$ から原点を除いた残りです。最初は「絨毯《じゅうたん》巻き」。まず $\mathbf{C}_1$ を絨毯と見て、上にぐるぐる巻いていきます。実軸など $\mathbf{C}_1$ の水平線は巻物の中でも直線として保たれ、垂直線はそれらと交差する半径 1 の円に重ねられます。次は「傘」に切り替え。左無限遠方を絞って傘の先端（石突き）とみなし、中棒を $\mathbf{C}_2$ の原点上に立ててから傘を開きます。その（無限に広い）傘布を $\mathbf{C}_2$ に落とす。すると $\mathbf{C}_1$ の水平線は（親骨などを経て）$\mathbf{C}_2$ の原点から発する放射線に、垂直線は原点を中心とした円周上に移される。これが写像 $z \to e^z$ のイメージです。

歴史は急展開と周期性とを兼ねそえていますが、指数関数も同じ雰囲気を持っていること、そのわけは複素解析性という一つの法則にある、ということ（の雰囲気）に多少興味を感じていただけたでしょうか。

（当初の問題への解答）眼が真左から時計回りに角度 θ のところに付いている場合、ランドマークを点 O におき本人は 1 の位置から出発するとするとき進む経路の時間 t によるパラメーター表示は、ζ を（ここでは新たに）$\arg(\zeta)=\pi/2+\theta$ で定まる $|\zeta|=1$ の複素数とするとき、次のように表されます。

•

$$e^{\zeta t} = e^{-(\sin\ \theta)t}\Big(\cos((\cos\ \theta)t) + i.\sin((\cos\ \theta)t)\Big) \qquad ⑨$$

下図の左側は$\theta=\pi/30$（接近する例）、右側は$\theta=-\pi/30$（遠ざかる例の縮図）です。

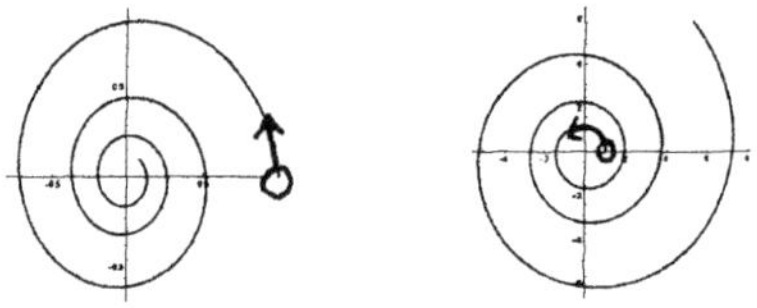

吟味と議論と期待

まず個人の時間軸を何らかの心象風景の空間に埋め込んで考えてみると、自分の場合からの想像ですが、人それぞれの時間軸には僅かでも虚数が入り込んでいるのではないか？　その虚数部分とは、それまでの進行方向とそのとき心が向かっている方向の「角度のずれ」ではないか？　そんな気分がしないでもありません。「真っしぐらに一直線」では、どんどん加速して破綻するだろうから、生命現象としても、それを振り返り見直すための「幅」として虚数部分が必要ではないのか、ときには回る、直角回転を繰り返せば後ろ向きになる、とか……まあこんなことは「何とでもいえる」かと思いますが、もしこれが体内時計の仕組みで説明できたら面白いでしょう。

でも、今回の話で本当にお伝えしたかったのは、理系の研究の芯たる伝統です。「関連性」というものはできる限り一般化（すなわち抽象化）して捉えよう、そうすると奥にある法則性が見えてきて、人間の認識の幅も（それまで無意識領域だった方向にまで）広がり得る……。

これはしかし単純化と切り離せず、単純化を敵と考えるのとは相容れない思想でしょう。でも単純化にも、区別が雑、ご都合主義的、等に加えて、深いところでの共通性から抽出された単純性もあるだろう。それらを一括排除するより、少しずつ「よりよい単純化」を構成して検討を重ねる、というのが科学が進んできた道でした。最初は幼稚な単純化から始まり批判を受けていたようですが。そうしないと別種の怖ろしい単純化を求めるようになってしまうかもしれませんし。

複雑性と単純化の狭間、これが残り少なくなった対談で私が徘徊したいと願っている主な場所です。広い意味の言語の問題とも切り離せないと思います。

数学のように解が一つしかないものと世の中とは違う、とよくいわれました。もっともですが、まず「解が一つしかない」は、数学全体と数学の「試験問題」の混同ではないでしょうか。数学自体では、解が存在し得ない問いもあれば、範囲を広げれば（$i=\sqrt{-1}$ のように）解が存在する場合もあります。その場合「解」とよぶより「根《こん》」とよぶべきでしょう（「根気の根」！）。根は複数あるのが普通で、それらを見つけようと焦る前に「複

•

数の根の間の関係性を把握しようとする」のが数学が歩んできた道です。それによって「根が解になり得るか否か」も見えてくるのでした（次回にご紹介するガロア理論）。急がずに、個々の分からないものにも名前をつけ、分からないもの同士の間の関連性を研究する——これは時間がかかることであり、世代にわたって引き継いでいかなくてはならないでしょう。

（二〇二二年六月）

Ⅱ-7 複雑性と単純化の狭間

藤原辰史

まるで、言語の代わりに数字を用いた叙事詩のようです。もちろんすべて理解するには私の能力が足りませんが、ああ、もっと数学を学んでおけば、という痛烈な後悔とともに読まざるをえませんでした。あるランドマークに対する目線の方向と、その眼をもつ人の進む方向の角度のずれが、直角の場合は円環が閉じるのだけれど、目線が少しでも前の方向に向くと足跡はそのランドマークにぐるぐると巻きつくようになる。そして、目線が真横より後ろの方向に向いていると、それはぐるぐるとランドマークから離れていくようになる。議論をギリギリまで抽象化し、抽象化することで初めて浮かび上がってくる関連性を探る行為が数学であるとしたら、あらためて、文系の生徒が虚数をはじめとして数Ⅲを高校で勉強しないのはもったいないと感じました。

とくに「個人の時間軸を何らかの心象風景の空間に埋め込んで考えてみると、自分の場合からの想像ですが、人それぞれの時間軸には僅かでも虚数が入り込んでいるのではないか？　その虚数部分とは、それまでの進行方向とそのとき心が向かっている方向の『角度のずれ』ではないか？」というご指摘は、深く、とても深く考えさせられました。

伊原さんのラディカルなご提案に私も乗っかりまして、ここでは、複雑性と単純化について自分なりに考えてみたいと思います。複素数まで世界を広げた場合、指数関数は「急展開と周期性」という歴史の脈動のような動きを見せる、ということには、この世界の真理を探る旅は、数学と歴史学というまったく異なる地域を歩く旅人でさえ、どこかで合流できるかもしれない、という期待を感じさせてくれます。数式の中に人間がいないのに、それが、歴史のふるまいのモデルのような動きを鮮やかに見せてくれることに驚きを禁じえません。また、数学はいつもひとつの答えしかないという間違った認識に、結構私も知らずしらず毒されていたことにも気づきました。解なし。複数解。それらの関係性。おお、これならば、人文学とそんなに変わらないではないか。

歴史の叙述の良し悪しも、結局は、ややこしい現象をいかに単純化して説明するか、にかかっています。もしも、歴史研究者が単純化への志向を捨てれば、歴史の叙述は膨大になり、図書館はたちまちのうちに歴史書で埋まってしまうでしょう。私たちもまた、単純化への努力を怠ってはなりません。

歴史の法則

さらにいえば、かつての歴史学者は、「歴史の法則」というものを大事に考えていました。それは、この社会の「自然史 Naturgeschichte」を書きたいと宣言をして『資本論』を著したマルクスの影響が大きいと思いますが、経済、労働、流通といったさまざまな人間の行為を、あたかも、自然現象を観察し、その法則を見極めるかのように論じる人が多かった。マルクスは、これまでの歴史を階級という概念を用いて整理し、将来、プロレタリア革命が起きる可能性がある、という予想ではなく、プロレタリア革命は必然的に起こることになっている、という書き方をしました。いまなお、マルクスに強烈に魅惑される人も拒絶反応を示す人もどちらも多いのは、マルクスが自然科学モデルで議論をしているからだと思います。

歴史の法則。正直に申し上げれば、私は、そこから漂う危険な香りも含めて、小さからぬ憧れがあります。このようなものを死ぬまでに一度でもとらえることができれば、どんなに幸せなことでしょう。たとえば、歴史を、数学の論文のように、定理や計算によって説明できたとしたら、どれほど美しいことでしょう。たしかに、歴史の法則に近いものを私たちは感じているはずです。かなり強引ですが、試しに法則らしきものを考えてみましょう。

（1）民主主義劣化法則

ギリシアの民主制にせよ、ローマの民主制にせよ、二〇世紀の欧米の民主主義にせよ、結局のところ、民衆の「面倒な調整は誰かにまかせたい」という気持ちと、私的空間で娯楽や生活をエンジョイできていればそれで満足という気持ちを増加させ、金のばら撒き、賄賂、統治機構の肥大、わかりやすい言葉の蔓延によって、次第に劣化し、多くの場合、独裁者やデマゴーグを招く。

また、ウェンディ・ブラウンが『いかにして民主主義は失われていくのか――新自由主義の見えざる攻撃』（中井亜佐子訳、みすず書房、二〇一七年）の中で論じているように、一九七〇年代から世界を覆い、コロナ禍で方針転換を迫られている新自由主義は、民主主義の劣化を見事に体現してきました。なぜなら、新自由主義は、経済成長を優先するために、公共が担ってきたセクターを企業に解放し、労働者の権利を縮減して人件費をカットすることで、経済成長を優先する趨勢《すうせい》を加速させるため、競争への志向が、企業のみならず大学人や官僚や政治家のあいだでも、さらに激化するからです。競争に勝つためには、たとえ人間の生命に関わることでも、人びとの共通の利益に関わることでも、トップダウンで進められ、それに反対する意見は封殺されます。アメリカの経済学者ミルトン・フリードマンが新自由主義の創設者ですが、彼は

「自由」を擁護するようにみえて、それはあくまで経済活動の「自由」ばかりを強調し、経済の格差の拡大を助長しました。イギリスではマーガレット・サッチャー、アメリカではロナルド・レーガンやジョージ・ブッシュJr.、日本では、フリードマンの信奉者である竹中平蔵と彼を大臣に採用した小泉純一郎が典型的な新自由主義的人間です。

（2）独裁者孤立の法則

独裁者は、初めは、人びとの熱狂や従順さに依拠して、自分の権力を確立していくが、やがて、時間が経つとともに、その従順さに疑いを持ち、猜疑《さいぎ》心に襲われ、監視と粛清によって自分の正当性を保とうとし始めるので、徐々に周囲の心が離れて、孤立していくことが多い。スターリンはその典型と言えるでしょう。

（3）覇権国家交代の法則

ローマ帝国も、スペイン王国も、イギリス帝国も、アメリカも、世界の主導権を握った国は、勢力圏を拡大することで膨大な富と知を集積するが、問題や矛盾も同時に抱え込んでいく。たとえば、支配地域の安価な労働力や穀物が本国に流れ込むことで、本国の経済の脆弱性があらわになる。やがて、その問題や矛盾によって覇権国家はその重荷に耐えかねて衰退の道を歩む。伊原さんのいう歴史の周期性は、とりわけこのあたりに出てくるかもしれません。

(4) 犠牲者創出の法則

どの時代も、権勢を振るう人間たちの背後に、抑圧される人間集団があらわれます。それは、単純に社会が階層化したり、格差が広まったりする現象というよりは、力をもつ人間たちは、抑圧された人間集団をいつも必要とする法則のあらわれにすぎません。プランテーションの主人は奴隷なしには利益を出せなかったように、資本家は安価な労働力なしでは資本を蓄積できないように。そして、現在もなお、国際機関の統計によると五〇〇〇万人に及ぶ「現代奴隷modern slavery」が存在すると言われています。

歴史研究の歴史の法則からの乖離

歴史研究者であれば、なんとなく感じている以上のような趨勢は、たとえば、現在の中国やロシアの動きについて一歩も彼の地に踏み込まなくても、今後起こりうることの大まかな枠組みくらいは伝えてくれます。

ところが、そうは言っても、以上の四つの「法則」は「法則もどき」にすぎず、何回くりかえしてもこうなる、ということは証明できません。しかも、変数が多い。伊原さんの言葉を借りるならば、歴史は虚数だらけです。実数の世界だけでは「解なし」ということも少なくない。二乗して−1になるような世界（たとえば、信仰や風習などの精神世界もそうかもしれません）を想定しなければ、説明できない現象もある。

民主主義の腐敗の速度は、時代や地域によって異なりますし、アメリカの覇権がどのように衰退していくかについて分析するには、あらかじめ考えておくべきことがあまりにも多く、単純化はなかなかできません。もっといえば、例外だらけで、例外こそが歴史の歴史らしさのあらわれであるとさえ言うことができます。そこで、歴史研究者は、必死になって個別具体的な事象の解明にエネルギーを注いできました。社会史や民衆史という手法は、為政者やエリートではない人びとの文化、経済、社会の領域の活動に焦点を当て、誠実に調査を重ね、それこそとても豊かな歴史像を提供しました。私が、ナチ時代の農村のお祭りに関心を持っているのも、そのような社会史的手法に影響を受けてきたからです。

ただ、歴史研究者は、歴史の法則的なものの分析を、マルクスやマックス・ヴェーバーやミシェル・フーコーなどの偉大な理論家にお任せして、みずからがそれをしようとする意志はだんだんと希薄になってきたように思います。それは、歴史家相互の議論の共通の土台を弱めてしまいました。

中心点と目線

伊原さんは、ある点を自分の真横に見ながら体の正面に向けてまっすぐ進むと、その点を中心とする円を描く、自分の眼の向きと進行の向きの角度が狭くなると、点に向かって内側に入り込むように回り、角度が広ければ回りながら遠ざかる、という現象を歴史の運動にたとえながら、こんな疑問を投げかけておられます。「それにしても、中心点、目線、社会状況をなるべく簡潔に表せる二つの代表的指標とは一体、何でしょう?」

このあまりにも美しい比喩に対して、私は的確に答える自信はないのですが、逃げるわけにもまいりませんので、伊原さんの作ってくれた土俵に足をかけてみたいと思います。

「目線」は、伊原さんの説では「理想」を向いているとなっていて、私も(理想という言葉の現実的な迫力がこれほどまでに軽視されている時代だからこそ)そのように考えたいという気持ちがとても強いのですが、ちょっと天邪鬼《あまのじゃく》になって、別のことを考えてみたいと思います。

たとえば、中心点を「生命の根源」とするのはどうでしょうか。原則として、歴史は、一人の人間の人生よりも長いので、人間と人間の精神と文化のバトンリレー、一人の人間がたとえ消えたとしても変わらず動き続ける社会と文化の形成を描く行為です。そうである以上、歴史は、一人の人間の生活や論理を超えた発展的道筋へと私たち一人ひとりを進ませようとしますが、私たちは常に地球と太陽光に従属した生命体であるということが、その直線的発展を阻みます。チェコの作家カレル・チャペックは、一九二二年に発表された戯曲「マクロプロス事件」で（レオシュ・ヤナーチェクによってオペラにもなっています）、寿命を（たとえば三〇〇歳まで）延ばし、肉体的限界を突破すれば、人類の精神はさらに発展する、という考え方を、危うさと共に取り上げていますが、私たちの肉体的限界と精神の発展はいつも一致しません。

人間が太陽光ならびに地球と切り離すことのできない生命体であることを忘れて理性が暴走すると、公害や環境破壊をもたらします。生命の根源が我々に呼びかけ、誘う基本的欲求と、知識の蓄積と精神の涵養《かんよう》が世界を前進させるという理性のはたらきの綱引き状態の中で、私たちは足元をフラフラさせながら、まるでソフトクリームのようにぐるぐると歴史を歩んできた、ということを、伊原さんのお手紙から連想しました。が、果たしてこれでいいのか、自信はありませんし、くりかえしますが、歴史の動きはもっと複雑です。

そうそう、この夏にドイツを中心にヨーロッパに、ナチスの中東欧における暴力に関連した史料の収集に行く予定にしています。コロナ禍で、修行僧のように我慢に我慢を重ねてきた史料調査をようやくできることが楽しみでなりません。ナマの一次史料に触れると元気が出ます。もしかすると、ドイツで伊原さんのお便りを拝読することになるかもしれません。楽しみにしております。今年は昨年以上の猛暑になりそうですが、どうかお体をお大事になさって、夏を乗り切ってくださいませ。

（二〇二二年七月）

•

Ⅱ-8 広げて回して切り口を

伊原康隆

歴史学の有りように関する本格的で実にわかりやすいご要約と問題提起を拝読し、これは長く手元に置いて我が糧《かて》としたい、これほど有用な要約を誘導できたのならそれだけで拙稿にも意味があったぞ、ととても嬉しく感じました。なお、叙事詩と感じてくださったのならそれは数学自体の力であり、もし数学は数の世界、別世界、とお感じでしたらそれは表現者としての私の力不足のせいだったと思います。

私はまず紙に印刷し、それに鉛筆で書き込みをしながら読むのが常ですが、今回のご書簡の場合、！が至る所に、そして「中心点と目線」には？もいくつか書き込むことになりました。！には「啓発された」と「我が意を得たり」がありますが、啓発されたが特に多く、同感に加えて反省のもとにもなっております。ほんの一つ例を挙げれば「犠牲者創出の法則」の中の抑圧される人間集団があらわれるのは、「単純に社会が階層化したり、格差が広まったりする現象と

1

いうよりは、力をもつ人間たちは、抑圧された人間集団をいつも必要とする法則のあらわれにすぎません」（一七二頁）。これについて私は、格差拡大だろうとしか思っていませんでした。それで「ランドマークは格差最小の状況と対応する点」なのかな、と。

＊

関係性に顔がないわけ

家族の一人が次の (i)、もう一人が (ii) と言ったとします。

(i)「A 店と A' 店の値段の比は、トマトで比べてもキュウリで比べても同じだった」

(ii)「トマトとキュウリの値段の比は、A 店で比べても A' 店で比べても同じだった」

関心の重点は違いますが、具体的には同じことですね。トマトの値段を A 店で t、A' 店で t'、キュウリの値段を A 店で k、A' 店で k' とすると、(i)(ii) はそれぞれ [i] $t'/t=k'/k$ [ii] $k/t=k'/t'$ ですが、[i] も [ii] も積の間の一つの等式 $t'k=tk'$ の言い換えですから。

二つの命題の間の同値性を≡であらわすと、上の (i)≡(ii) の背後にあるのは顔のない法則性 [i]≡[ii] だといえるでしょう。全く同じことを（微小な分母、分子をもつ）複素数の分数に対して適用すると、前回述べたように、複素関数すなわち複素平面から複素平面への写像に関して

•

{i} 微分できる

{ii} 角度と局所的な形を保つ

の二つが同値な命題だと分かるのでした。つまり、同値性 [i]≡[ii] は、それぞれの顔を持つ (i)≡(ii) や {i}≡{ii} を代入できる「箱」だ、だから顔がないのだ、というわけでしょう。

異分野間の共通性は「対象」についてではなく「関係性」においてですね。あいにく関係性は顔がないから親しまれにくい。でもそういう環境の中でこそ、その共通性が感じ取りやすい言葉、つまり普遍的表現に適した言葉による交流が必要で、それはこの場合「よく選ばれた記号系とその間の法則性」ではないでしょうか。標語的にまとめて繰り返すと

関係性に顔がないのは普遍的法則性があることと表裏一体

だから代名詞のような記号系で表現されるのが適当で、それは「数学語」として差別されるのでなく、より広く民の言葉の一部になってほしい、こう願っております。

構造体と射と回転

われわれが出会う難問を「問題」として意識するときは、まず背景として何らかの構造を持つ集合（以後、構造体とよぶ）を意識し、その構造体を記述する適切な言葉のおさらいをし、個々の問題はその言葉で表現するわけです。しかし簡単な問題ではない場合、その枠組みの中では解決の構図が見え難く、よ

り大きな、そして場合によっては仮想的な構造体の枠組みにまで広げて眺めることで初めて簡易化の切り口の構図も見え、問題も自然に解ける。こういうこともあるでしょう。

与えられた集合が持ちうる「構造」の種類は数学でも様々ですが、どの構造もその集合の要素（元）の間に何らかの関係性を与えます（犬の社会なら上下関係など）。同種の構造体を比較し、より簡単なものに分解するために基本となる概念が、

二つの同種の構造体 A, B の間の「射《しゃ》」

$$f\colon A \to B$$

とよばれるものです。これは、A のどの要素（「元」ともいう）a に対しても B のある要素 $b=f(a)$ を対応させる「一斉対応づけ」であって、条件「A のいくつかの要素 $a, a', \cdots$ の間に成り立つ（構造上の）関係は B の要素 $f(a), f(a')\cdots$ の間でも成り立つ」を満たすもののことです。たとえば下図の A は、白丸黒丸計 13 個の要素からなる集合に、それらのうち短い線分で直接結ばれたもの同士は「仲間」という関係が入った構造体（それ以外の空間的配置は考慮せず)、B, B' は A の別種の簡易化です。

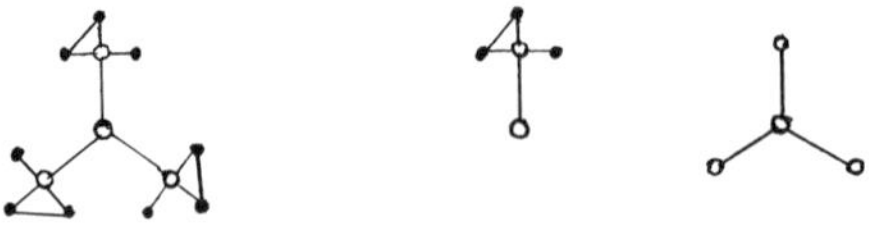

A　　　　B　　B'

これらの間の２つの自然な射 $f\colon A \longrightarrow B$（回転重ね合わせ射)、

$f':A \to B'$（先端引っ込め射）が見えるでしょう（どの要素も自分自身とも仲間、とみています）。

一般に、射のうちで集合間の１対１対応であり、さらにその逆写像も関係性を保つものを「同型射」、$B=A$ の場合は A の「自己同型射」とよびます。構造体 A の自己同型射が、恒等射 1_A（A の全ての元をそれ自身に映す射）以外にどのくらいあるか？　これをよく知ることは A の構造についてよく知るための第一歩です。それが 1_A だけに限られる構造体は「硬直 (rigid)」と形容されますが、役割分担の差し替えを全く許さない独裁的な社会がつくる社会構造体はそれに近いですね。反対に、できるだけ豊富な自己同型射をもつ構造体を構成し、それを適当に「割る」ことで一般の構造体を構成する、といった手法が有用です。

群とは？　回転群にみるその特徴

以後、構造体 A の自己同型射 (automorphism) を「A の回転」とよぶことにします。あらためて述べると、A の回転とは、集合としての１対１対応 $A \to A$ であって、A の要素間の左側での関係性（種類と有無）と右側でのそれとが忠実に対応しているもののことです。以後、構造体 A の回転全体の集合を A の「回転群」とよび、$G(A)$ で表すことにします。これも単なる集合ではなく良い条件をみたす積が定義されるのです。$G(A)$ の２つの元（「要素」と同義）

$$g:a\to g(a),\quad g':a\to g'(a)$$

に対してそれらの合成 $a\to g(g'(a))$（先に g'、次に g）も $G(A)$ の元になりますから、これを gg' と定めることによって $G(A)$ における「積」が自然に定義されるわけです（gg' と $g'g$ は等しいことも異なることもあり得ます）。こうして定めた積は次のよい性質をもつことが容易に見て取れるでしょう。まず恒等射 $e=1_A$ は、通常の積における 1 のように、$G(A)$ の任意の元 g に対して $ge=eg=g$ を満たす。また任意の $g:a\to a'$ に対してその逆写像 $a'\to a$ を g^{-1} で表すと、それは与えられた g に対して $g(g^{-1})=g^{-1}g=e$ を成り立たしめる $G(A)$ の唯一の元となります。

回転群のイメージは、物理でも不可欠な「球面の回転群」など幾何的ですが、代数的な例としては以下で述べる

n 次対称群（記号 S_n）

が挙げられます。高校時代、私もガロアの話から「こういうものも数学の対象なんだ！」と驚いたものでした。構造を持たない単に n 個の元の集合 A を考え、数字 $\{1,2,\cdots,n\}$ の集合と同一視しましょう。群 S_n は、この場合の A から A 自身への 1 対 1 対応（置換）$f:A\to A$ 全体 S_n に、置換の合成 $(fg)a=f(g(a))$ によって積を導入したものです。たとえば S_3 の 2 つの元

$$g_1:\{1\to 2, 2\to 1, 3\to 3\}$$
$$g_2:\{1\to 3, 2\to 2, 3\to 1\}$$

に対して積 g_2g_1 は置換 $1\to2\to3\to1$ になります。逆順の積が何か？　はご自分でお確かめください。「順列組み合わせ」で習うように、置換は n の階乗 $n!=1\times2\times\cdots\times n$ 通りあるから、S_n は $n!$ 個の元をもちます（たとえば S_3 は 6 個）。S_n の元の理論的に便利な表示法は「互いに素なサイクル表示」です。実例で説明するほうが分かりやすいと思います。$A=\{1,2\cdots,6\}$ として S_6 の元 g を (123)(56) と書いたら、g は 1,2,3 を $1\to2\to3\to1$ と回し、書かれていない 4 は固定し、5,6 は入れ替える置換、という意味です。

より一般に、こういう積の構造を持つ集合を数学では「群(group)」とよびます。群が持つ構造は積です。回転群の場合それは「何かを動かすものたち」であり「そのあまり大きくない、家族のような集団」でした。他方、たとえば 0 でない実数全体も普通の積に関して群を作りますから、このような静的な対象も群であり、群の一般論の特別な場合になっているわけです。驚いてほしいのは、回転群のように「動かすものたち」も射の合成を積とみなすことによって「静的なものと同様な代数学の対象になる」ということ。抽象的な群の一般論はそれらの「基本用語と思考の節約のための基本定理」を与えてくれるのです。

群 G に対して、その部分集合 H であって G の積構造の H への制限によって H 自体も群になるとき、H は G の「部分群」といいます。つまり、H の２つの元の積は H からはみ出さず、

Hの任意の元の逆元もやはりHに属するという場合です。すぐ後に述べるように、部分群のうちで特に正規部分群とよばれるタイプの部分群では元の群を「割る」ことができ、それは新たな群G/Hを与えますが、この割り算の列の仕組みに関する第1〜4同型定理が群論の一番の基本です。

ここで練習として、最初に構造体の例として挙げたA, B, B'のうちのB'について、その回転群$G(B')$は何かを考えてみましょう。どの回転も中心点は固定せざるを得ませんが、外の3点は、いろいろな回転をとることで自由に入れ替えられますからB'の回転群はS_3と同型です。

次に、多少複雑になる図のAの回転群$G=G(A)$を記述するためにはどういう言葉がどう使われるのか注目して下さい。まずGのどの元もAの中心点は動かせません、いま外部3白点を$\{1,2,3\}$と名付け、Gの元で点iを固定するもの全体がつくる部分群をH_iと名付けましょう。この場合、どの$i, j=1,2,3$をとっても点iをjにうつす元gがGに存在することから、$H_i=g^{-1}H_jg$、つまり射$h\to g^{-1}hg$によってH_jがうつる先がH_iになります（互いに「共役」な部分群）。ほら、ここでは積が可換でないし、そういう積をもつ変換の考察が自然だったでしょう！　これら3つの共通部分Nは3つの外白点をすべて固定する$G(A)$の元全体からなる部分群で、個々のH_iとの相違は$g^{-1}Ng=N$がGの任意のgに対して成り立つことです。この性質をもつ部分群は最初ガロアが注目し現在は正規部分群とよばれています。その特徴は「群はその正規部分群で割ることが

•

でき、割ったものは再び群の構造を持つ」こと。これが群構造の階層分けの基礎です。たとえば上の場合の商群 G/N は、割り算としては「先端部無視」であり、商群は自然に $G(B')$ と同型になるということが見えるのではないでしょうか。

方程式のガロア群

「方程式を立てる」を「問題をはっきり書き下す」、「それを解く」を「問題の解決法を見つける」になぞらえてみて下さい。ここでは１変数 n 次多項式 $f(x)$ に対して $f(x)=0$ という方程式を考えます。ただし $n>1$、x^n の係数は1、その他の係数 $a_1,\cdots,a_n$ もすべて有理数とします。係数 a_i たちが「既知の情報」に相当します。I－8でお話ししたように $f(x)$ は複素数の範囲では必ず１次式の積

$$\begin{aligned} f(x) &= x^n + a_1 x^{n-1} + \cdots + a_n \\ &= (x-\alpha_1)(x-\alpha_2)\cdots(x-\alpha_n) \end{aligned} \quad ①$$

に分解し、そこでは n 個の根（方程式 $f(z)=0$ の全ての「解」）$\alpha_1, \alpha_2,\cdots,\alpha_n$ を有します。この根のうちのどれかが「必要な解決法」と対応するので、普通は係数から出発してなるべく早く一つの根に到達しようとするでしょう。中等教育でも根といわず解とよばせようとしたり……。しかしそれ以外の根はどういう意味を持つか？　と吟味することが元の問題をより広い視野で眺めることと繋がるので、急がば回れです。特にガロアは

（200 年前の少年でしたが）徹底していました。当然のようにまず根全部を考える（つまり広げる）、そして更に、根たち同士の間にどんな「見えなかった有理的関係」があり得るかを調べるのです。

ここで（ガロア以前の）やさしい例を一つあげましょう。３次方程式 $x^3+x^2-2x-1=0$ の３根が $2\cos(\theta)$, $2\cos(2\theta)$, $2\cos(4\theta)$、ただし $\theta=2\pi/7$、であることは $(x^7-1)/x^3(x-1)$ を $x+x^{-1}$ の３次式として書くことで容易に確かめらると思いますが、更にコサインの２倍角の公式から、それら３根の間には以下の非対称な関係があることも確かめられるでしょう。任意の１根を α とすると、他の２根は α^2-2 と $-\alpha^2-\alpha+1$ である。１つの根を知る以前に根と根「の間」に（式①を書き直しただけの「根と係数の間の関係式」以外に）どういう関係がありうるか？の特殊な一例です。そして関係性は対称性を壊すから「構造の自己同型射」が少なくなる、どういう構造物の回転群を考えればこれらを組織的に理解できるだろうか？　これがガロア群の話。そして、その群構造を具体的に知る手段が、素数ごとの簡易化（切り口）です。他の思惑もあり、これらを現代的な言葉で書いてみます。

まずこの方程式の「分解体」とは、すべての根と有理数たちから加減乗除によって得られるすべての複素数の集まりで、構造は（複素数としての）和と積です。実際は根たちの有理数係数の（多変数）多項式として表せる複素数たちの集合がそれになります。たとえば $f(x)=x^2+1$ の場合、分解体は $a+bi$（ただし、$i^2=-1$; a, b は有理数）と表せる複素数全体で、その回転群は複素共役写像　$a+bi \to a-bi$ と恒等置換の２つの元から成り立っています。

分解体の回転群をその方程式のガロア群とよびます。ガロア群の群としての構造を知ることは、根たちを具体的に書き下す以上に、重要な知見を与えてくれるのです。ではガロア群はどう具象化されるのか。まずガロア群の任意の元（ここでは σ と書く）の作用は個々の有理数を動かしません。さらに明らかな関係 $f(\sigma(\alpha_i))=\sigma\ (f(\alpha_i))=\sigma(0)=0$ によって、根 α_i がうつされる先はやはり根の１つ α_j になることが分かります。従って σ は n 個の根の間の置換を引き起こしますが、それぞれの根の行先さえ決まれば分解体の各元の行先も自動的に決まりますから

n 次方程式のガロア群は自然に S_n の部分群とみなせる。

切り口

ではガロア群という有限な対象に、分解体などという無限集合構造体の「藪《やぶ》の中」を通ることなくして如何に到達できるのでしょうか。ここからが「さまざまな簡易化の特徴を生かす分野」整数論の出番です。比喩的にいえばガリヴァーの旅でしょうか。

•

11

方程式 $f(x)=0$ の係数は整数（整数全体は普通 $\mathbf{Z}$ で表します）として一般性を失いません。すると見えてくる可能性が「$\mathbf{Z}$ の元の『偶奇』による２分類とか、（より一般に）ある素数 p で割った余り $\{0,1,\cdots,p-1\}$ による $\mathbf{Z}$ の分類とかを生かせないか？」でしょう。この集合を

$$\mathbf{Z}/p=\{0,1,\cdots,p-1\}$$

と記すと、ここにも和と積が「普通に和や積を取ってから p で割った余りに置き換える」という操作で矛盾なく導入されます。$\mathbf{Z}/p$ における等式は区別して $\equiv$ と書きましょう。さて先の方程式 $f(x)=0$ のガロア群の計算に有用なのは $f(x)$ の係数を p で割った余りの $\mathbf{Z}/p$ の元と考え、そこでの既約多項式への分解を様々な素数 p に対して調べることです。たとえば $f(x)=x^2+1$ は $\mathbf{Z}/5$ でみれば $\equiv(x+2)(x-2)$ と分解する、しかし $\mathbf{Z}/3$ では分解しない。

方程式 $f(x)=0$ のガロア群 G が「S_n の如何なる部分群か」を定めるのに大変有用な（ただし万能とはいえない）のが次の定理です。

「σ を S_n の任意の元とする。σ と S_n 内で共役な G の元が存在するための必要十分な条件は、$f(x)$ の判別式を割らないある素数 p が存在して $f(x)$ から生じる $\mathbf{Z}/p$ 上の多項式の既約分解の次数の列が σ の互いに素なサイクル表示におけるサイクルの長さの列と順序を除いて一致すること」

•

なお、上のような素数は、存在すれば無限個存在し、素数全体の中で正の「密度」を有しています。

一例として５次方程式 $x^5-x+1=0$ をとると、この係数を $\mathbf{Z}/2$ に落として得られる５次式は２次と３次の既約多項式の積 $(x^2+x+1)(x^3+x^2+1)$ に分解し、$\mathbf{Z}/3$ に落とすとそのまま既約だと分かり、あとは一般的な群計算によって、このガロア群は５次対称群全体になることが分かります。ここでは、各素数（および無限遠点）に対する「フロベニウス置換」ϕ_p という極めて重要な共役類の説明までには至りませんでしたが、各素数が整数論的に切り口を与えている大まかな様子は見ていただけたかと思います。

われわれは方程式 $f(x)=0$ から出発し、その分解体、ガロア群についてお話ししてきました。この原理によってガロア群の計算ができ、個々の方程式の根の代数的性質も知ることができる、という代数学への古典的応用も目覚しかったのですが、現代数学にとってより重要なのは、ガロア群の中に ϕ_p たちがどのように分布しているかの研究、そしてそれが示唆する「深い何か」です。

吟味と感想

ところで、構造体について書きながら頭をよぎっていたのは、藤原さん（等）による構造の破壊や腐敗の積極的取り上げ方と文化人類学者の松村圭一郎さんによる（社会）構造はそのスキマこそが大切、という論の魅力でした。見事な構造体であるクモの巣にしても、一旦作られれば捕食に労をかけずに済む有利な装置だが、糸は大量のタンパク質を素材として必要とするから放棄するときは自分で食べるらしい、というファーブルの観察もありましたし、対重量の糸の強さは鋼鉄以上だそうだから、クモが仮にもっと集団生活に適していたら養蚕のようにクモの糸も大量生産できるだろうに、とものの本に書かれていました。またクモの巣ではスキマも重要であり、それが足りなければそもそも獲物も引っかからないだろうし、風によってゆらぐだけでなく飛ばされてしまうことでしょう。DNA でも広溝（主溝）というスキマがあるからこそ、酵素が中に入り込んで遺伝子の発現や抑制のために働けるわけですし、この対談のテーマである学びの場でも教育機関が編み目を張り巡らせている中、生徒個人個人が自分の心の近傍につくるスキマ（前回の言葉で言えば時間軸の虚数部分）こそが重要と思われます。

また、社会問題で重要な「回転」の要件は「構造を厳密に保つ入れ替え」ではなく「入れ替えによって構造の一部が壊れても修復可能な範囲内」ということでしょう。ここが難しいところで、「範囲内」のような曖昧な条件は合成によって保たれなくなり、群構造が回転全体に入りきれない、という「厳密即融通の利かなさ」が私にも感じられます。生物の修復の仕組みの進化から学べることも多くありそうです。

ドイツを中心にご出張との由。私の体験した（80 年代頃の）ドイツの田舎では、宿に鍵なしトランクを道端に放置しておいても安心、という相互信頼を基盤とする素晴らしい文化が健在でした。できるまで長期間かかり、環境の変化次第ではあっさり壊されてしまうかもしれない、との危惧も抱いています。こういった良き時代の風習が現在も残されているかについても、そのうちお聞かせくださること楽しみにしております。

Gute Reise und Alles Gute !

（二〇二二年七月）

Ⅱ-9　歴史の中の構造

藤原辰史

人文系の学者がほとんど違和感なく用いる数学の用語は、せいぜい「足し算」「引き算」「イコール」や「ベクトル」「指数関数的」「変数」「相関関係」など、初歩の初歩ばかりですが、伊原さんのお手紙を読んでいると、本当に私たちはもったいないことをしているかもしれない、と感じます。「解」と「根」もそうです。人文系の学者は、ファジーな問題を扱っているわりには「解」という言葉を使う傾向があります。

今回も、「数学分野で開発されてきた言語」だけれども、「一般性が期待されるから、普通の言語と差別してほしくない言語」ということで「射」と「群」という概念をご紹介いただき、ありがとうございました。もちろん、伊原さんの背中を望遠鏡で覗くような気持ちではありましたが、たとえば群論は、これからもっと勉強していけば、哲学や歴史学や文学の研究、とりわけ叙述方法に大きな革新を与えてくれるかもしれない、と感じました。もちろん、人文学の議論では、伊原さんのおっしゃるように「構造を厳密に保つ入れ替え」ということは難しいです。ただ、数学的思考の「かたち」は、歴史学思考の「かたち」に影響を与えることはたくさんありそうだという予感を抱きました。

　とともに、私たち歴史学者はあまりにも数学を学んでこなかったせいで、思考の節約を怠ってきた、すなわち思考の浪費をしてきたような反省もしました。また、まったく違った現象に共通の「構造体」を見出していくあり方も、歴史学で有効かもしれません。いつの間にか、思考の節約よりは、思考の増殖（と思考の個別化）に「貢献」してきた人文学の最近の営みは、数学に見習うことがやはり多いと直感しました。

　いまの私には、群と射の概念を自家薬籠中《じかやくろうちゅう》のものとし、我田引水する能力はありません。ただし、伊原さんが私たちに伝えたいことは、ある種の迫力を持って私の気持ちを揺さぶり続けています。このお手紙では、いつか群論を歴史学の中で考えられる日に向けて、伊原さんの文章を読んで頭をよぎった「連想」のみお伝えするにとどめたいと思います。

広げて眺める

伊原さんのお手紙の中で、私はつぎの部分にも線を引きました。私は人文学の仕事をしているときにこの点を直感ではとらえていたとはいえ、はっきりと意識して考えてこなかったからです。

簡単な問題ではない場合、その枠組みの中では解決の構図が見え難く、より大きな、そして場合によっては仮想的な構造体の枠組みにまで広げて眺めることで初めて簡易化の切り口の構図も見え、問題も自然に解ける。

この言葉を聞いて、あるいは解決の困難な事象よりも広い構図を描くことで理解しやすくなると聞いて、多くの歴史研究者は「ああ、これは国際紛争のことだな」と思うかもしれません。たとえば、以下に、高校の歴史の教科書にも出てくる冷戦期を代表する三つのクーデタをあげてあります。どれもなぜ、どのように起こったのか詳細はわからないところがいまも多いです。時代も場所も異なります。

事象A　一九五三年八月十九日、イラン軍がクーデタを起こし、パフレヴィー朝のイランで石油国有化を断行したモサデグ政権を倒した。モサデク政権成立の背景には、イスラーム法学者から共産主義者までを一つにまとめるイラン民族主義があった。

事象B　スカルノ率いるインドネシア共産党は非欧米圏最大の三〇〇万人を擁する共産党だった。スカルノは、一九五五年四月にバンドンでアジア・アフリカ会議を開き、ソ連ともアメリカとも異なる「第三の道」を訴えた。しかし、一九六五年十月一日、インドネシアの首都ジャカルタで左派勢力のクーデタが起こる。この結果、インドネシア共産党関係者の大虐殺が起こる。スカルノ大統領の権威は失墜、その鎮圧にあたったスハルトが実権を握る。

事象C　一九七〇年にチリにサルバドール・アジェンデを大統領に擁する、社会党と共産党双方から支持される政権が誕生した。企業の国有化や土地改革を推進する。だが、チリの社会主義化を恐れて、国内で大規模な抵抗運動が盛り上がり、一九七三年九月に軍のクーデタが起こる。アジェンデ政権を打倒したピノチェト将軍は、中央集権の軍政を敷き、人権抑圧を進めていく。

世界史の教科書ではそれぞれのクーデタがなぜ、どのように起こったのかが説明されています。ただ、不明な点も多々あって、それぞれが、イラン、インドネシア、チリという三つの国家の内部で説明することに限界を感じます。歴史学ではこうした歴史を「ナショナル・ヒストリー」と呼びます。ナショナリ・ヒストリーは、言語的にも文化的にも半閉鎖的に叙述できますが、しかし、そこだけでは説明できないことも多々あります。それを乗り越えるために、グローバル・ヒストリーという境界横断的な歴史学も登場しました。そこで、この問題を三つの事象のつながりを探して、その上で思考の範囲を広げてみると、違った様相を呈してきます。

CIA、民族主義、資源

第一に、どのクーデタにもアメリカのCIA（中央情報局）が絡んでいることは歴史学ですでにくりかえし論じられてきました。とりわけ、ジャカルタの虐殺は「ジャカルタ・メソッド」と呼ばれ、その後のアメリカの国際戦略でも用いられました。情報戦、そして、アメリカの都合の良い権威主義的な独裁者を立てるという意味でも三つの事象は同型です。つまり、どの事象も、まずは秘密警察を用いた国家内乱の誘導、もっと広げていえば、「アメリカによる共産主義に対する世界的な戦い」の枠組みまで広げれば、米国とソ連との対立という冷戦構造という大きな枠組みの一部にすぎないとわかってきます。

第二に、モサデグにせよ、スカルノにせよ、アジェンデにせよ、社会主義や共産主義の運動としてとらえすぎると、どの事件の説明も事実から遠のいていきます。というのも、三つのクーデタの背景をじっと眺めると、「民族主義」の勃興という別の要素が見えてくるからです。失脚したどの政治家も、第二次世界大戦後、戦勝国ならびに敗戦国の経済的な衰退によって、イギリスの支配下にあったインドでも、フランス（のちに日本）の支配下にあったインドシナでも、民族主義が勃興します。別々の理解関心を持った人たちを一まとめにする、という近代史の重要な文脈の中においてみると、これらの三つの事件で崩壊した政権は、すべて似たような大衆的熱狂が背景にあったといえます。

第三に、イランにせよ、インドネシアにせよ、石油の産出国であり、チリも石油を生産しますが、それよりも電気産業に必須の銅の産地としても重要です。イランは、エジプトのナセルのように石油産業を国有化しようとしましたが、これは石油を国内で生産できないアメリカにとって損失です。他の国々の資源もやはり、アメリカという国がグローバルな経済を整えていくために必要なものでした。資源と民族主義がからむと、いつも大国が必死に抑えようとするのは、この時代の常です。

第四に、これは私の意見ではなく、ナオミ・クラインというジャーナリストの『ショック・ドクトリン』（岩波書店、二〇一一年）という本の説明になりますが、三つの事象はどれもが「ショックを与えて／あるいは災害によってショックが与えられた場に、アメリカの経済理論家が訪れて政治家のブレインとなり、アメリカ資本を投入して、アメリカ経済に都合の良い場所に変えていく」という作戦（ショック・ドクトリン）の三つの事例にすぎない、ということです。一見関係のないように見える、ボリビア、アルゼンチンの政権転覆から、旧来の社会主義の崩壊、そしてアメリカのハリケーンカトリーナによる南部の壊滅的打撃にいたるまで、すべてこの説明で理解できます。この説明への批判ももちろんありますが、魅力的なテーゼではあります。「ショック→白地図化→都合いいように再建」という図式ですね。

このような思考の訓練を受けたり、構造を把握する本を読んだりしておくと、現在地球上に起こっている紛争を解決するためにはどうすればよいかと考えたとき、一歩引いた枠組みを感じられやすくなると思います。たとえば、ウクライナの問題を考えるとき、ロシアの膨張主義という図式を受け入れる前に、ウクライナの石炭や穀物の資源と安価な労働力という事象を掲げるや否や、それはヨーロッパ諸国も欲してきたので、いくぶん違った様相に見えてくるのと同じです。

もちろん、安易な図式化は、陰謀論のような単純「すぎる」議論に陥りがちです。単純すぎる議論とは、要するに敵味方をはっきり区別して説明することで、事実から遠のいてしまうような議論です。ある程度までは細部に根ざして説明をしたうえで、最終的には見通しのいい議論をする、というのが歴史学の難しさであり、醍醐味ですね。

いずれにしても、歴史叙述を抽象化していく努力の中で、歴史の動きが、ずいぶんと類型化してみられるようになるわけです。

何かと似ている

かなり脱線をしますが、歴史の動きが、別のジャンルのものの動きと似ていることから、「比喩」が多用されます。私も頻繁に用います。ここに具体的な事例を挙げましょう。それは、「爛《らん》熟《じゅく》期」という言葉です。

「爛熟」と聞いてパッと思い浮かぶのは、「世紀末ウィーン」（というタイトルのカール・E・ショースキーの有名な歴史書があります）という、時代的かつ空間的に一つの「範囲」をあらわす言葉です。

この時代のウィーンでは、各地のカフェでさまざまなジャンルの芸術家や学者が語り合っていました。たとえば、精神分析家のジークムント・フロイト、画家のグスタフ・クリムトやエゴン・シーレ、音楽家のグスターフ・マーラー、建築家のアードルフ・ロースなど綺羅星《きらぼし》の如き文化人たちを生み出したこの時代は、しかし、若きヒトラーがみすぼらしい格好でウィーンの歌劇場に通っていた時代であり、オーストリー＝ハンガリー二重君主国で各民族の動きが活発化したり、フランツ＝ヨーゼフと妻エリザベートの息子ルドルフが「情死」したりと、ハプスブルク帝国が衰退期に入っていた時代にあたります。衰退の時代に、同時に文化や社会が成熟するというのは、腐れる寸前の果物が美味しいのとどこか似ているかもしれません。

殺戮の二類型

話は大きく変わります。四月の書簡で、伊原さんは、歴史の中の「殺戮の二類型」について論じておられました。お返事が遅れていたので、ここで少しリプライできればと思います。お書きになっていたのは、「他集団への敵意からくる殺戮」と「他集団への蔑視からくる殺戮」とでは異なるのではないか、というお話でした。私はそこまで深くこの区別を考えてこなかったので、重要なご指摘だと感じました。

実は、ナチスのユダヤ人への迫害を歴史的に考えていくうえで、すでに述べましたウィーンがしばしば想起されます。世紀末ウィーンは、フロイトやマーラーのようなユダヤ人が表舞台で大活躍したのですが、一方で、反ユダヤ主義が吹き荒れていました。カール・ルエーガーというウィーン市長は、伊原さんがご指摘されているように、ユダヤ人たちが子孫への徹底的な教育によって弁護士、医者、学者などのエリート層に食い込んでいたことへの民衆の反発を栄養として、反ユダヤ主義を訴えて、莫大な人気を誇っていました。当時ウィーンでルエーガーの演説を聞いていたヒトラーも『我が闘争』で彼について言及しました。ヒトラーは、モデルとなる政治家として彼をとらえています。ちなみに、いまでもウィーンの中心部にはカール・ルエーガー広場があって、そこに彼の銅像が立っていますね。

伊原さんの言葉を借りるのであれば、もちろんウィーンの人びとには、ユダヤ人を「蔑視」していた人も多いですが、やはり「敵意」と表現したほうがよいでしょう。ユダヤ人への敵意がさらに深まるのは、一九二〇年代のドイツです。ウィーンからドイツにやってきたヒトラーもまたその一端を担いました。ドイツの「一体性」を壊す「寄生虫」である「人種」として、反ユダヤ主義者はユダヤ人を排撃しましたが、その理由は第一次世界大戦で、背後から裏切って、戦争を敗北に追いやった、という「背後からの匕首《あいくち》」伝説というものです。これは「敵意」というべきものでしょう。しかも、ウィーンの人びとの多くはナチスの人種主義を受け入れます。

また、伊原さんの挙げられた植民地での暴力では、宗主国の支配地域の人びとへの「蔑視」が強烈にはたらきます。その感情はやはり、「敵意」というよりは「蔑視」と言ったほうが確かに近いように感じます。そこには、蔑視と裏返しの「優越感」が存在します。「統一した側は統一された側の感情に鈍感」とはその通りです。鈍感であるからこそ、沖縄では方言を話す人間に方言札をかけて可視化させたり、朝鮮でも名前を変えさせたりできたのだと思います。被害者は被害を忘れませんが、加害者は加害を忘れるのが早いのは世の常ですね。

もちろん、例外もあります。支配された側が抵抗運動を繰り広げ、宗主国の権力に刃向かった瞬間に蔑視と敵意はまぜこぜになります。旧満洲国で「土匪《どひ》」や「共匪《きょうひ》」と呼ばれたパルチザンが日本人入植者をくりかえし襲撃しますが、そのときの日本人の手記などを読むと、敵意のほうが強いです。ナチスのユダヤ人に対するプロパガンダの中や、ナチスの高官の発言には、ユダヤ人をアーリア人よりもレベルの低い人間として扱うものが多いのも事実です。ユダヤ人もみんなエリートとは限らず、ポーランドにはたくさんのユダヤ人農民が住んでいました。一つひとつの事象を丹念にみていくと、必ずしも泰然と分けられるわけではありませんが、しかし、伊原さんのより広い見通しからは、いろいろと啓発されることが少なくありません。

言語が、強者側の弱者に対する恒常的な抑圧になるということもそうですね。敬語が複雑に発達し、主語が省略しやすい（谷崎潤一郎はこれを絶賛していますが）、日本語の独特の曖昧さはたしかに、私のように空気の読めない人間にとっては抑圧として働くことがあります。ただ、ひるがえって西洋言語も、男性の女性に対する優越が前提に作られた言語であり、そこの見直しが現在進んでいます。私が学生時代にジェンダーについて講義で学んだとき、英語だと人間と男はmanであらわせますが、womanでは人間一般をあらわすことができない、また、ドイツ語だと首相はBundeskanzlerである一方で、女性の首相だとBundeskanzlerinとなるように、どうしても軸は男性になってしまうことを認識しました。私も、日本語で分析し、日本語で表現することを仕事にしている以上、できるかぎり日本語を学んだばかりの人でもわかりやすいように書こうと思っていますが、伊原さんの言葉を読んで、日本語のもつ抑圧性をよりいっそう意識していきたいと思いました。

この夏は、ドイツとポーランドを中心にナチスの痕跡を辿り、久しぶりに史料を集めてきます。伊原さんも京都の暑い夏を乗り切ってくださいね。ご著書『——数学者の目線で見直す——生物進化と遺伝子のなぞ』も落手しました。ありがとうございます。ダーウィンなどの原典を読み込んだ伊原さんの「うるさい素人」という言葉、とても印象的です。

（二〇二二年八月）

Ⅱ-10 手を動かす／学ぶものの「理性」とは

伊原康隆

残暑お見舞い申し上げます。ドイツで元気にご活躍中のことと存じます。

文系と理系の間というのも対談の主要なテーマで、紙面も今ホットですが、「学ぶとは何か」はもっと初期段階の話でもありましたね。心構えと習慣の二面からそれを眺めるとき、早くから身につけてほしいと願うのは習慣のほうで、その中で「書く習慣」が如何に学力向上に必要か、のアドバイスこそ私が書き残したい第一でした。今回は、学びの初期の話に一旦もどり、数学と歴史学の対話のホットな部分は後半に回させていただきます。なお、文中の参考文献は、私のミニ書評を加えて巻末にまとめてみました。あわせてご参照ください。

まず引用したいのは、故・福井謙一先生の自伝からです。

量子論は物理だ、化学は個別の暗記物だといわれていた時代に、湯川秀樹さんの著書などを必死に解読し、実際の化学反応に量子論の光を当てることに成功され、のちにノーベル化学賞も受賞された先生です。自伝前半の数々の出会いの話――ファーブル『昆虫記』、自然の造形美、そして化学との出会い――の話も含蓄豊か、中盤の「幅広く、しかし集中すべきところに如何に集中するか」の話も理系の方には特にお勧めなのですが、ここではその第二章の小項目「手で覚える」からの引用にとどめておきます。

ところで、図書館で閲覧させてもらったそうした書物を読む時、私は関心を覚えた箇所があると必ず紙に写すことにしていた。(中略)例えば、物を書かれる人の中には、目に触れた素晴しい文章をまる写しすることで文章修行を磨かれる人もいるであろう。高名な画家も古《いにしえ》の先輩のすぐれた絵の模写を勉強の手段とする。それと似たような勉強が自然科学を学ぶ上でも大切だ、と私は考える。

我が意を得たり！　実は小生もある時期から「読む、すなわち書きながら」という意識で勉強してきました。まず小学校の担任の先生が国語の先生でその強い影響により、文字を書くこと自体が喜びになっていたようです。文字を覚えたての子供にはよくあることですが、それが中学以上まで続いたのが有難かった。紙と鉛筆をいつも胸ポケットに入れ、時間さえあれば目的がなくても何か書いていました。そして中学時代、異国への転校に伴って勉強についていけなくなっていたある夏休み、乱雑に書きなぐってあったノートを見て、まず丁寧に清書してみようとし始めたのがきっかけで、すっかり面白くなり、学力もぐんぐんアップしたのです。私の「（ン）夏が来ーれば思い出すー」♫の一コマ（三番あたりの歌詞？）。どうしてだったのでしょうか。

中学生ぐらいになると、「考える」などということは、身体が「最後にやっと」望むことなのではないでしょうか。それは（見る、聞くの受け身だけでは始動せず）手など身体を使ってみて初めて始動してくれるような気がします。そして内容を順序立てて把握する脳の作用も「手の動きの手順が導いてくれる」のだから、書く際の「丁寧さ」が肝要だったのです。すると、いちいち引っかからないために国語の基礎がまず土台、ということにも気がつきます。

そして、更に上の段階で自分で選んだ勉強は、大部分、良書を通して入ってきたのですが、必ず手元に紙と鉛筆をおき、感銘を受けたポイントを思わず書き写したくなっていました。今考えても、大切なことをひとことでまとめるのなら、これに尽きると思います。脳はすぐ疲れます。読み疲れてきたら本は閉じ、手の助けで復習する。先を急ぐのを嫌うという良い習慣も、それに付随して生じるでしょう。子供達がデジタル教科書で勉強する傍に紙と鉛筆があるのか？　はなはだ心配です。

外国語の読書の場合、私のお勧めは（それが仕事の場合は無論別として）和訳など試みる「な」、その国の言葉で「こそ」この表現なのだなと感じ入り、そのまま書き写したくなってほしいのです。それでこそ、その言葉、その表現、その内容が好きになる、頭で好きになる前に手が助けてくれるのだ、と思うのですが。

ちなみに、二回続けて私が試みた数学由来の概念の説明も、読者の予備知識にではなく「何でも考えてやろう精神」だけに望みをかけたのですが……。面倒でもご自分の手で書き（あるいは描き）なおしてみてくださいね。たとえば２つの複素数の掛け算の幾何的な意味は「描いて始めてガッテン」だと思いますが。

地球環境問題と人間の理性について

藤原さんの七月のご書簡に刺激され再考してみました。地球の環境破壊（公害、地球温暖化、資源問題、等）が人間の利便性追求の欲望に科学技術の進歩が応える形で進行した、という意味で「科学」が一方的加害者であったのは、実は「第一段階だけ」の話だということを指摘させてください。被害が顕在化するにつれ大きな社会問題となり、多方面の方々の尽力で進行にブレーキもかかり始めたのが次の段階でしょう。この段階では一部の科学者たちは原因化学物質の特定、その流れ方の簡易モデルの試作、それに基づいた数値実験、等によって予測と警告を発し（informer）、それなりの影響力を持ちました。ところがその警告が世間に広まるにつれ、公害元の企業の側でも科学者たちを（多分、大学等よりも恵まれた給与で）雇い、たとえば地球温暖化問題では「彼らの警告は過大評価だ」との「科学的根拠に基づく反キャンペーン」を張るようになりました（dis-informer）。そこでは、簡易モデルが簡易さのために持つ欠点が攻撃の的にされたのです。第三段階の現代は「純粋な分析、予告、警告側の科学」と「雇われ反論家の『科学』」とのせめぎあいの時代でしょう。

流体力学の大家であり「北半球由来の分子の拡散が上空でいかに流れ流れて南極大陸上のオゾンホールの形成に繫がったのか」の解明でも知られるマッキンタイア（Michael E. McIntyre）博士は有力な informer の一人であり、彼は巻末のミニ書評の一冊 “Science, Music, and Mathematics”（2022）の終章（主に、一一三～一一七頁）で、地球温暖化の数学的モデルに基づく科学者たちの研究について、次のような主旨で述べています。

「なるほど数学的モデルはどれも不完全だ。二酸化炭素の巡回は、大気中での流れ、深海での流れ、海面近くの微生物を通す複雑さなど、どのモデルでも捉え切れていない。しかしモデルが提示されてこそ、それを叩き台としてモデルの改良を重ねることが出来、有用なモデルとそうでないモデルの差もだんだん見えてきているのだ。

そして肝心な事として、モデルの不十分さのために修正を要することがその後解明したのは、実は、環境破壊への『過去の過小評価こそ要修正だった』という方向であった。dis-informer たちの主張『気象変動は長期的な太陽系の自然現象の結果の方が大きく、人間の工業活動の害が過大評価されている』は（具体例を数値を挙げて）かくかくしかじかのように、誤りだったのである。」

大気流や海流など非常に大規模かつ微妙な流れの解析方法の大家が社会問題に長年取り組んだ挙句の感想ですから、説得力があります。これぞ「理性」の典型ではないでしょうか。

次に「資源」について。石油資源――遠い昔の生物が太陽エネルギー等の力で固定した二酸化炭素――は近年使い果たされつつあるわけですが、現存する藻類を養殖してそこからエネルギー源を取り出す開発的研究が米国などで盛んになっています。現状ではコストの理由で主力になり切れていないようですが、公害とは無縁で永続性もある資源利用方法を研究開発するのも科学の力でしょう。石油のように原油資源を求める戦争のタネにもなりにくい。

ところで藤原さんのⅡ－7のご書簡（一七五頁）の中に次のくだりがありました。私のⅡ－6書簡でのランドマークとは？　にお答えいただいた中の一節です。

人間が太陽光ならびに地球と切り離すことのできない生命体であることを忘れて『理性が暴走』すると、公害や環境破壊をもたらします。『生命の根源が我々に呼びかけ、誘う基本的欲求』と、知識の蓄積と精神の涵養が世界を前進させるという理性のはたらきの綱引き状態の中で、私たちは足元をフラフラさせながら、まるでソフトクリームのようにぐるぐると歴史を歩んできた、ということを、伊原さんのお手紙から連想しました。が、果たしてこれでいいのか、自信はありませんし、くりかえしますが、歴史の動きはもっと複雑です。（二重カッコは伊原）

〜〜〜〜〜〜〜〜

非常に興味深いご説明をいただいた中で、ここだけは筆の滑りか？　ここだけ引用してあれこれいうのはどうだろう、と迷いもしたのですが、文系の何人かの方々から聞こえていた（理への差別の）声と何となく語調が符合しているようにも感じましたので、異分野間の対談では避けるべきではなかろうと考え、正面から焦点を当てさせていただきます。

『理性が暴走』の響きに私は不協和音を感じました。理性と暴走は意味からして相容れない。そして「暴走」が与える強すぎる響きが、いわば基本音の一つである「理性」の位置を不安定に感じさせ、「理性」の本来の意味への共通の信頼感を危うくしている、と。見てきたように、暴走するのは商業主義とそれに保護された dis-informer 側であり、理性は informer 側にあって暴走を止める役割を持つのではないのかな？

また、『生命の根源が我々に呼びかけ、誘う基本的欲求』には「楽に移動したい」（資源濫用への動機）も含まれていないのか吟味を要するでしょう。政治批判なら「プーチンの暴走」といった不協和音による表現こそ批判になるのだと思いますが、藤原さん、今は学ぶとは何かを落ち着いて考えたいときですので、ごめんなさい。

地球規模の現象の因果関係の把握は、原因発生と結果甘受の地域が離れている場合、各地域での日常感覚からは決して得られず、理性の力を借りてこそできるのではないか。日常感覚よりも理性が重要なこともある。歴史学の独立した研究が歴史の歪曲の防波堤と期待されると同様、理学の独立した研究は環境破壊の防波堤の役割も担っているでしょう。環境破壊には人文科学者、自然科学者が補完し合って当たらないといけないし、研究資金的に不利なのは informer 側の科学者も同じなのですから、もし「科学者」と一括りにして反目する方がおられたら藤原さんに是非とも弁護していただきたいと切《せつ》に願ってやみません。

単純化と複雑性の狭間

地球温暖化問題への数学的モデルの研究の歴史は、モデルを見る外部の反応としてどれはOKでどれが×かをも教えてくれます。

そんな単純ではないよ、○○だから……　（OK、大歓迎！）
だから「この」モデルはまだ不十分　（これもOK、大抵はその通りでしょう）
だから数学的モデルなんてすべてダメ　（×　短絡的）

次のモデルのための踏み台になりうるモデルが役に立つモデル。初期に（そのままでは）役に立たないモデルばかり見せられた気象問題の専門家はうんざりして全般的に否定的になりがち、という話も聞きました。見たように、現在の認識はそうでないということ。文と理の協力にはこの認識の共有も欠かせないと思うようになりました。

歴史学の複眼思考に学ぶ

今月のご書簡の迫力と面白さに私の気持ちこそ揺さぶられております。「広げて眺める」では、具体的には「冷戦期を代表するクーデタは？」に対して（これは記憶に残っていた）「エジプトのナセル大統領によるスエズ運河国有化関連かな？」「いや、ナセルは倒されなかった」、またイラン石油関係では、尊敬する出光佐三氏の日章丸事件を思い出し、調べたらその直後のクーデタだったのでしたね。「ナセル」「出光」は快挙でしたが、結局英国からの要請で米のCIAによって政権が倒されてしまったのですね。ショックを感じたのは「ショック・ドクトリン」。もしアメリカの「頭の良い若者」の大勢がこういった方向の「頭脳」として働くのであれば、世界がそれに支配されかねないから、由々しいことですね。これで思い出したのは、共同研究をしていたA君（米中西部の一流大学の先生）がぼやいていた言葉。数学専攻（ですよ）の院生に「そんな杜撰《ずさん》なことでは君の設計する橋はすぐ落ちるだろう」と指摘したら「いや、自分は設計などしたくない、そういう人間を『使う』立場を目指しているんだ」と言い返された、とショックを受けていました。頭脳を（自然現象や構造への好奇心よりも）人間を支配する戦略に向けたがるこの傾向。

これはたった一つの例にすぎませんが、例外なら幸い、そうでなければ「学ぶとは」の根本が揺るがされている感じです——その方向の支援はしたくないし、他方、彼らが学ぶ綿密な計画性の元を批判側が十分理解できることも必要、ややこしいことです。ややこしいからこそ、まず単純に考えましょう。支配、被支配の外にある「学び」を若いうちに身につけること、これにとりあえずの焦点を当てたいですね、理系の立場ですが。

もう一つ興味深かったのは藤原さんの「広げ方」。まず世界史規模で考え、三つの事象それぞれを二、三の別方向に（私的に表現するなら）「回転」させてみることによってご指摘の共通性がみてとれる！　というお話。その回転も、少なくも3次元以上の中での回転ですね。平面上での回転なら（以前述べた90度回転は左向きなら i 倍で右向きなら $-i$ 倍のように）複素数で代数化されるが、3次元なら実はハミルトンの「4元数」（i, j, k 3個の記号が出てくる、それらの2乗は皆 -1 で、積は非可換 $ij=-ji=k$ のように）を用いて代数化され見やすくなります。でもこの話に立ち入るのはやめておきましょう。

またご書簡最後の「殺戮の二類型」において、私の（四月）書簡Ⅱ－2での類別のいわば区切り過ぎを補っていただきとても助かりました。一旦区別してから次に相互関係を論じる、不完全なモデルでもまず提示し言語化することで次に多少でも進みやすくする、という往復書簡の進め方の中、大いに勇気づけられております。では次回以降もどうぞよろしくお願いいたします。

（二〇二二年八月）

Ⅲ

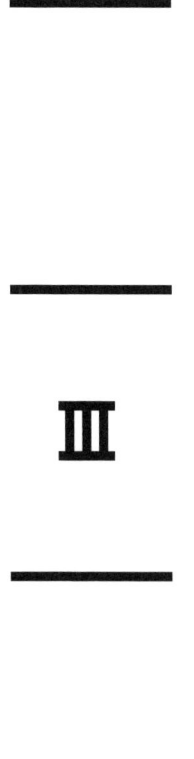

Ⅲ-1　書くことと学ぶこと

藤原辰史

伊原さんが、「手を使って書いて学ぶ」ことの重要性を福井謙一さんの『学問の創造』(読んだことがないので書評メモもありがたかったです!)を引用されながら主張されていたように、学ぶことと、アナログな「身体性」の関係は切っても切れないことに、私も同意します。とくに、脳を休ませる、という伊原さんの表現には、思わずうんうんと首を縦に振りました。「学ぶ」と「疲労」はユニークなテーマだと思います。身体性とは、人文社会科学の分野で頻繁に登場する概念ですが、脳の一部にすぎない思考を司る部位のはたらきだけでは説明のできない、生命体としての人間の身振り・振る舞いと定義しておきましょう。

「手を使って書く」ことで思い出すのは、現在の職場で助手を務めていた頃、各地の文書館で、史料のカメラ撮影が禁止されていたので、必死になってドイツ語を書き写してきたことです。書き写すと時間がかかってしまい、短期滞在の場合は貴重な滞在時間が失われますが、ただ目で追って読んでいるだけでは見過ごしてしまうような細かな事実に気づくこともありました。

たしかに、カメラで史料を撮れば、短期間で大量の史料を得られ、帰ってからじっくり読み直すこともできるでしょう。ただ、現地で「コピー禁止」というしおりが挟んである史料の内容を手で写して、場合によっては近くのアーカイブの専門家に聞きながら読んでいくと、どうしてここは複数形なのだろうか、とか、なぜ、ここでこんな副詞を使ったのだろうか、とか、細かいところにも目が届くようになり、書いている人の息遣いやリズムを感じることができます。

デジタルカメラの登場で、いまではすっかり手で史料を書き写すことはなくなりましたが、メモ帳は必ず持参することにしていて、それに聞き取ったことやアイディアなどを書くことで、のちにいろいろ執筆しやすいようにしています。

伊原さんのご自宅にお邪魔したとき、読んでおられる記事を見せていただきましたが、書き込みがたくさんあって、伊原さんの読んでいるときの手の動きが生きいきと伝わってきました。

悲劇の痕跡を歩く旅

三週間のヨーロッパの旅から帰ってきました。今回の旅は、実はベルリンだけではありません。紛争の痕跡を歩くことをテーマにしました。私が頭でっかちの歴史研究者になろうとしているとと反省していたからです。

ベルリンの連邦文書館で、ナチスの東欧支配をめぐる史料の収集のかたわら（カメラでの撮影の制限がかなりゆるくなっていて驚きました）、クロアチアの首都ザグレブ、クロアチアのナチスの傀儡《かいらい》政権が運営したヤセノヴァッツ強制収容所の跡地、ボスニアのモスタルといった旧ユーゴスラヴィアの内戦で多くの人たちが殺し合った現場を歩いたりしました。

また、スペインのマドリードとトレドでは、一九三六年に始まり、欧米各国を巻き込んだスペイン内戦の痕跡を辿ったり（内戦期のナチス・ドイツによる空襲を描いたピカソの「ゲルニカ」をマドリードの美術館でじっくり鑑賞してきました）、ワルシャワでは、ナチスがユダヤ人を隔離するために設置したゲットーと、ゲットーで抑圧されてきたユダヤ人の叛乱の痕跡を歩いたり、その叛乱者たちがいったん集められ、「積替場 Umschlagplatz」とナチスが呼んだ広場の跡地や、その叛乱者が移送され殺害されたトレブリンカ絶滅収容所（コルチャック先生が孤児院の子どもたちと一緒に歌をうたいながら行進して連れて行ったあの収容所）の何も残されていない森の中の平原でしばし呆然としたりしていました。第二次世界大戦の開戦日の翌日に、大戦が始まったグダニスク（ドイツ人はダンツィヒと呼んでいました）で、ドイツの戦争と占領の悲劇と、一九八〇年代にポーランドの民主化を果たした連帯の運動について学んだりしてきました。現場を歩くことで発見し学ぶ重要性をあらためて感じた時間でした。

今回は通訳の方に付き添っていただき、足がパンパンに張るほど歩きましたが、新しい発見がたくさんありました。マドリードの郊外の公園では、スペインの農村でフィールドワークをしている土谷輪《つちやりん》さんという京都大学の院生と一緒に内戦の痕跡を探しましたが、彼の的確な通訳や解説のおかげで、内戦時に作られた防空壕の存在や、内戦のときに活躍した詩人や児童文学者の記念碑などを見つけ、興奮を覚えました。

ファシストのフランコは独伊の力を借りてレジスタンスに勝利を収めました。そして第二次世界大戦は中立を選び、戦後も権力を握り続けました。いまなお、フランコがたてこもったトレドのアルカサル内の軍事博物館はフランコたちの戦いをたたえる内容になっていて驚きました。トレドも世界遺産の街で本当に美しく、カテドラルも息を呑むほどの迫力でした。

一九九〇年代のユーゴスラヴィア内戦が激しかったモスタルもとても印象的でした。スタリモストというオスマン帝国によって建てられた美しい橋がかかっていますが、これも内戦で破壊されたあとに造り直され、世界遺産に登録されたものです。さらに、一九四〇年代にナチスやその傀儡国家の人びとと闘ったレジスタンスの墓がつい数カ月前に壊されて放置されている現場を見ました。なぜなら、九〇年代の内戦はこれまで共に暮らしていた民族がそれぞれの民族性を鼓舞され、お互い殺し合うものだったからであり、チトーの指導のもとあらゆる民族が協力してナチスと闘った過去は、こういった民族主義を否定するものだからです。現在もクロアチア民族主義が強く残っていて、そのような人がパルチザンの墓を破壊したとのことでした。チトーについては毀誉褒貶《きよほうへん》がありますが、西側でも東側でもない、また民族主義でもない国家であるユーゴスラヴィアの挑戦はもっと日本で知られるべき歴史的事象だと思います。

バラバラに壊された墓を見て世界遺産にもなった美しい都市に眠る狂気の噴出を垣間見たようにも思えました。人間の狂気が、こんな美しい青空や川の流れや風景から溢れ出てくることを、その場の空気を吸って、その場で太陽に照らされながら体験しました。

それとともに、ナチス・ドイツが犯した罪は、まだ、このようなヨーロッパの周縁部では清算されていないことに気づきました。クロアチア独立国がナチスの傀儡国家であったことを知ったうえで、一九九〇年代の内戦時のクロアチアの大統領はこの国を評価していましたし、いまだに支持する政治家もいるからです。外交の場では、ドイツは過去の克服に関して優等生的に振る舞っていますが、ポーランドでは通訳者から「ドイツ人はナチスから解放されたと思っている。自分もナチスの被害者だと思っている。それはおかしい。ドイツ人がナチスを作り出し、支持したではないか」という意見を聞きました。それだけではなく、ナチス・ドイツが極端なかたちで世に出した民族差別や民族意識は、さまざまな場所で、さまざまに変奏され、生き延びていると感じました。

•

歴史学は考古学と違って、史料を集め、読み込めば論文が書けます。しかし、考古学と同様に現場に足を運ぶことで、史料に関わるさまざまな要素を知り、歴史を五感で学ぶことで、より深く学ぶことができると確信しています。

数学と歴史学の対話

今回のお返事、とてもうれしいものでした。冷戦下にイラン、インドネシア、チリで起こったクーデタをもう少し広いパースペクティヴから見直すと、本質が見えてくる、という歴史学の思考のあり方が、こんなにも数学の群と回転の思考法と隣接するなんて。ますます伊原さんとの異種交流のありがたさを噛み締めていますし、あらためて抽象化を恐れるな、という思いを強くしています。

また、アメリカの数学者Aさんの院生が言った「いや、自分は設計などしたくない、そういう人間を『使う』立場を目指しているんだ」という言葉は衝撃でした。私がよく知っている唯一の数学者が伊原さんなので、世界の真理に対する好奇心に自然科学や人文科学の垣根を超えて突き動かされているイメージを数学者に抱くのですが、こんなふうに数学を自分の地位上昇のために利用しようとする人もいるのですね。

ひそかに反芻《はんすう》したのは、Aさんの「そんな杜撰なことでは君の設計する橋はすぐ落ちるだろう」という批判でした。橋が崩落すれば人が死ぬ。その緊張感を数学者も持つべきだ、という重低音の声も聞こえてきました。これは人文学の担い手にも十分通用する耳の痛い話です。「そんな杜撰な史料調査では君の設計する橋はすぐ落ちるだろう」という言葉を、そして、そんな橋をわたろうとする人が、歴史をとらえる方法をあやまることは、これだけ荒れた時代に、生死を分けることにさえなるかもしれない。そんな覚悟を感じました。

そして、「理性の暴走」という表現は語義矛盾である、というご指摘。その通りですね。反省しました。こんな言葉を使ったのは、私が、ナチス・ドイツや満洲国の七三一部隊などの医学界の罪を考えていたからです。ドイツや日本の、教養を重視する大学で教育を受け、理性を保つことを学んだはずの強制収容所や捕虜収容所の医者が、基本的人権を迫害されたユダヤ人やロマや中国人捕虜たちを人体実験したのは、彼らが憎いからではほとんどなく、すでにその時点で収容所を統括する組織から研究環境を整えてもらっており、その癒着から逃れられなかったからであり、また、その中で動物実験では得られない、もっと正確なデータを取りたいと思ったからでした。倫理をいったん思考の外に置いて、論理的に限界まで突き詰めて考え、その結果をそれゆえに正しいと判断し、行動したこと、このような過程を、自分への戒めとしても、文系研究者は「理性の暴走」と呼ぶことがあります。これまでの研究者の文献や発言に理系研究者への非難のような響きがあったことは否めませんが、私にそのような意図がないことはここで申し上げたいと思います。なぜなら、「理性」は文系研究者にとっても論理展開を進めていくうえで「要」であり、また、人体実験批判は、文系諸学問の担い手にとっての自己の批判でもあるからです。現に、ナチ時代のドイツでは、必ずしもナチスの信奉者でない文系研究者も東欧の占領地を支配するために自分の学問の成果を利用することに何ら躊躇しませんでした。

伊原さんは、それは理性の暴走ではなく欲望の暴走であって、学者に理性がしっかりと身につき、それを正しく使用すれば、人体実験を嬉々としてやろうとはしないはずだ、ナチスのこのような制度を批判できるはずだ、とおっしゃるだろうと思います。私も原理的にはそう思います。そういう思いを深く抱いていたからこそ、私は、大学の軍事技術研究に傾斜する日本の現状を（もちろん、伊原さんにもお力添えをいただきながら）批判してきました。ただ、歴史的にいえば、強制収容所に着任して、そのような理性的な行動ができた医者は、あの時代ほとんどいませんでした。ここからはあくまで直感ですので証明はできませんが、私があの時代にあのような場所で生きていたら、同じようなことをしたのではないかと想像することが度々あります。ここには、人間は、大きなもの、暴力を独占するものに自然と擦り寄っていく、という人間行動のパターンとともに、科学の真理に到達できると思うときに目が眩んでしまうという、ある意味の歴史的にくりかえされてきた事実があると思います。

卑近な事例で恐縮ですが、『給食の歴史』（岩波新書、二〇一八年）を書いているとき、ある方からとても重要な情報を聞き、これは歴史学の発展にとっても重要な事実だと舞い上がったことがあります。ですが、しばらくして、この話は自分だけの心にとっておきたいので公開しないでください、と言われたことがありました。この内容は、自分の論理を補強してくれるもので、歴史学の発展にも寄与するものだったのですが、もちろん公開は諦めました。一人の人間の内面を犠牲にしても学問の発展に尽くそうとすることが理性のはたらきではなく、それにブレーキをかける精神のはたらきが「理性」だとすれば、私も伊原さんの意見に賛成です。そして、伊原さんと七年間、いろいろな場面で科学者の暴走に出会ったとき、一緒に異議を唱えながら、私を含む仲間たちが感じたのは、伊原さんの精神にこの「理性」が深く刻まれていることでした。

そして、今回のお手紙で「日常感覚よりも理性が重要なこともある」という言葉を聞いて、思い出すことがありました。歴史には政治・経済史のように大きなパースペクティヴで語る方法への批判として、民衆の日常感覚から世界を描く「社会史」という手法があります。とりわけ、アラン・コルバンなどのフランスの歴史家や日本のフランス史の著書を通じて私は社会史の魅力を感じてきました。そこでは、性、食事、祭り、通俗道徳、記憶などの日常感覚が重視され、私も大いに楽しんできました。が、まかりまちがうと、日常感覚礼賛が、「敵を排除したい」「家庭を守りたい」「清潔でいたい」「前向きでいたい」という日常感覚がそのまま暴力を支えてきた歴史を軽視してしまうことにもつながります。

文章というのは、そのプロットよりも、小さな「言い回し」にこそその書き手の思想の地金があらわれやすいもので、「理性の暴走」という言葉の違和感を鋭く指摘してくださったことに感謝いたします。

（二〇二二年九月）

Ⅲ-2 ことばの関節を使いこなす

伊原康隆

お帰りなさい、そして含蓄深いお土産話も有難うございました。大きな悲劇は形を変えつつ延々と続くのだ、ということが読んだだけの自分にも感じ取れました。藤原さんのこのご体験が今後のご研究の深いところに通奏低音のように反映されてゆくのも楽しみにしております。

なお、ほんの連想ですが、数学では「short exact で終わらない関係性の連鎖は long exact sequence を生じ、そのコホモロジー群たちが研究対象を明確化する言語を与える」というホモロジー代数（フランスが主な発祥地）があります。キッチリ終わらない「うらみの連鎖」を新たな「対象」としてとらえ、その構造を記述し解析する「言葉」を増やしているのです。

さて、「自分の手で書き写すこと」についてごく最近、あらためて感じたことがあります。この作業は「次を見て一時的に記憶し、それを書き連ねる」の連鎖ですが、もし先を急ぐとどうなるでしょうか。それぞれの鎖がどうしても（二、三個の単語など）短くばらけてしまう。他方、文面を理解しながらゆっくりやると、一時記憶の対象が纏まった文章（または文節）となり、内容の第一段階の理解と平行して進められる。以前、記憶力には二種類ある——機械的と印象派的——という話をしましたが（四六頁）、「ゆっくり」は印象派記憶力の育成と活用の場でもあるな、と実感しました。特に対象が他国語で記述されている場合、基礎的勉強になるのはこちらでしょう。ここでも急がば回れでした。

「考えることと身体を動かすこと」について。「考える」を以前触れたように、「何か変？」と気づく」のと、「言語網を伝わって進路を探す」のとに一応分け、それぞれに焦点を当ててみましょう。前者も脳の働きでありこれは意識的努力が途絶えたときだけ「ふっと感じる」重要な作用でした。歩いているとき、明け方に目覚めたときなど。無意識のバランス感覚の目覚めですから、他人を傷つけかねない手法の追求の行き過ぎに科学者が気づけるのもこちらの「何か変」感覚だろうと思います。他方、後者（言語網）に関しては、まず、自国語に用意されていない網は「存在しないこと」自体に気づきにくい。普通に考えるのは言語体系に全面的に依存しているのだから、自国語の網にかからないものは気づきにくいのが当然ともいえるでしょう。早い話が、「〇〇病」ということを意識でき、それをめぐって考えてみることができるのは、そういう病名がボキャブラリーとして存在していたからこそ、でしょう。複数の友人とこのことについて話し合って感じるのは、（自分の場合も含め）状況に満足しているときには気づきにくい、何となく不満でその原因を的確に表現したいといろいろ試みたとき初めて気がつくらしいということ。乱暴にいえば、時の強者には気づきにくく時の弱者には気づきやすい。ではそういうときに弱者の助けとなるのは何か？　今回は、「言語の繊細な網が精神の自立に歴史的に不可欠だった」という話をご紹介したいと思います。Ⅱ－2の「他国語から〇〇を学ぶ」の続きとしては、前回は「表現の強弱」が軸でしたが、今回は「繊細な表現が弱者の自立を助ける」についてです。

ジェイン・オースティンの『高慢と偏見』より学ぶ

原題は Jane Austen "Pride and Prejudice"。

周知のように英国の代表的恋愛小説です。それが二〇〇年を超えて世界の名作とされているのは、ヒロインの精緻な会話を通して「合理性と女性的優雅さは両立する、そして新たな深い魅力を醸し出す」ということが如実に示され読者の希望を膨らませてくれるからでしょう。藤原さんの用語をお借りすれば、これは「言い回しの妙」を尽くした文学ということになる。巻末のミニ書評でもふれますが、ここではその一面である「合理的思考の適切な表現」をとりあげます。

彼女は権力者に追い詰められたとき、ことばを

「くっきり区切り、精緻な用語をしっかり繋げる」

スタイルで反論しています。これは、各個人、特に控えめが美徳とされていた当時の英国の女性にとって、自己の精神的自立の宣言として、また象徴として、徐々に浸透し、当時（一八～一九世紀）の女性解放運動とも結びついたそうです。

では対応する表現が日本語ではどうなるのか？　多くの和訳のうち目を通すことのできた四冊の範囲では、残念ながら右記の点が十分には伝わっていないようです。その原因を分析すると、

「個人の心の志向を伝える動詞が、日本語では（たとえあっても）使いにくい」

ことに加えて

「和訳はなめらかな日本語であるべし」

とみなされている。だから個人の目覚めを象徴する会話の和訳で、対応する肝心な区切りの一つが抜け落ちてしまう、このためではないかと思います。

以下、その一端を俎上《そじょう》に載せ、現代の日本人として何が学べるか考えてみましょう。

新しい女性像の体現として登場したヒロインのエリザベスですが、恋愛相手の叔母——うわさを聞いて駆けつけてきた貴婦人——から、身を引くよう長々と高圧的な説得を受けます（第五十六章）。彼女のそこでの一連の返事が啓発的です。ちなみに、これらは叔母をさらに怒らせた一方で、二人を一気に結びつける方向に働きました。その一つについて、二つの和訳を対比検討してみましょう。なおこの対比は、特定の訳文の問題点をあげつらうためではなく、原作の意図と「受け入れられやすい日本語表現」との本質的なズレを参考にするためですのでご了承ください。他の和訳例も巻末のミニ書評に追加しますが、いずれも翻訳本の特定はいたしません。

（原文）

I do not pretend to possess equal frankness with your ladyship.

You may ask questions, which I shall not choose to answer.

（和訳1：直訳に近い）
私は、奥様と同等な率直さを自分も持っているといったフリはいたしません。
奥様が質問を自由にされても、質問次第では、お答えすることを私は選びません。

（和訳2：標準和訳の一つ）
私は奥さまのような率直な女ではありません。
ご質問に全部はお答えできません。

同じではないのか？　いやいや、肝心な点が違います！
会話の基本要素は、まず「相手と自分」、そして自分に関しては「基本スタンス、聞く（耳）、話す（口）」の三要素でしょう。エリザベスはこれらを分け、まず相手も自分も発言は自由意志に従いましょう、そして自分の基本スタンスは（この状況では開放的は損だし自分は正直でいたいから）率直というフリはしない、耳は塞がない、口はときに応じて開閉する、と宣言しています。きちんと分けた上で、それぞれで自由選択をしますよと繋いでいます。ヒロインの精神的自立、心意気、そしてそれを支える言語の精緻な使用が、原文では（これに限らず様々な例で）よく表現されています。私の和訳1はそれに忠実に添ったつもりです。この場合「日本語としてこなれたもの」にしないところに意味がある。

他方、言葉が十分に分化してない和訳2では、それらがすっぽり抜け落ち、単純な頑迷さのような誤った印象を与えています。そもそも、大人の率直性は「AさんはBさんに対して率直だ」というような「相対的」なもの。子供は「不合理なことをいう大人がいる！」と悟ったときから相手によってとっさに率直性を使い分け、そして大人になっていくのだから、「私は率直な女ではない」はめちゃくちゃ。エリザベスは普通の相手に対しては率直なのです。「貴方に対しては率直になれない」、「貴方の期待に沿った率直性はもてない」もありますが、以下の点も考慮すると、和訳1が原文の意図を最もよく伝えているかと思います。

主に注目していただきたいのは、前後二つの文章における not pretend（フリをしない）と not choose（選ばない）が「当人の意志の方向性をまず示す重要な動詞である」ということです。筆者が調べた他の和訳でも、（それ以外では文句のつけようがなくても）この二つの動詞が無視され、硬直した「状況を表す用語」にすり替えられていたことに変わりありませんでした。言葉としては日本語にもあるのにそれらが「なめらかな日本語訳」が尊ばれるという風潮の中で消されているのでしょう。「文化は言語体系に深く影響されている」というサピア・ウォーフ仮説（二二二頁〜と巻末の「ミニ書評」）は怖ろしいほど正しい、と私は感じます。

もとの往復書簡がミシマ社のウェブマガジンで公開されたあとに第三者からいただいた主なご意見に対する追記を、以下分散して追加いたします。

この主旨は、翻訳例を通して「日本語の普通の表現に何が欠けているか」を知ろうというものでしたが、「翻訳ではニュアンスは伝わらない」というだけの意味にお取りになった方々からのコメントは、「そういう例はいくらでもある、逆に日本語のこういうニュアンスは英語にはうまく訳せないだろう」にとどまっていたのは残念でした。「日本語は英語に比べて劣っているわけではないぞ」というのもありました。一括して優劣を論じたのではなかったのですが……。

アーティキュレーション——ことばの関節

『高慢と偏見』でヒロインの「自立」を支えた表現上のポイントはどうやら、十分に豊富な語彙——とくに精緻な言葉——に基づいたことばの「アーティキュレーション」

のようです。これは解剖学的には「関節」（またはその繋がり方）、会話では「クッキリ区切った喋り方」、音楽では音の流れの「フレーズより細かい単位への区分け」[*7]、そして形容詞「アーティキュレット」は「思想を表現できる」「ちゃんとはっきりものが言える、発言できる」と訳されています。いずれにせよ「くっきり区切る」と「適切な用語をしっかり繋げる」の同時可視化です。

「アーティキュレーション」がわかりづらい、というご意見もいただきました。たしかに英語であり、私も音楽用語としてしか知らなかったのですが、これは「関節」「クッキリ区切った喋り方」「思想を表現できる、はっきりものが言えること」の三方向の意味から共通要素を（感じ取り、抽出し）一つに統合した語、ということに感銘を受け、「ことばの関節」と比喩してみたのですが（そこに驚いてほしかった）。

与えられた苦しい状況の中で（物理的に）立ち上がるには、股関節、膝、足首と足指などの関節をそれぞれ自由に働かせる必要があるでしょう。特定の価値観に囚われた支配者の認識では「この関節は動かしてはならない」が当然とみなされていますから、それを打破するには「自分はそれぞれの関節をこう動かしますよ」と表明するしかないわけです。言葉が分化していないというのは、小さな関節が使えず、たとえば腕を上げれば指先まで上がってしまう、というのと同類。そこで私はこう表現したいと思います。

精神の自立は「言葉の関節」を使いこなすことによって表現できる

感情的に自立を表現するには、ときには乱暴な表現に頼るほうが有効？　は誰でも体験すること、ここで「心の自立、ではなく精神の自立」としたのは、その場合のほうがより精緻さを要するとのオースティン等の認識に添うためでした。

私のかつての若き恩師、久賀道郎《くがみちお》先生は大声で「わたしも三流あなたも三流、と肩を叩くような人たちがいるぞ、アハハ、でもそういう仲間には絶対入るな」と言っておられました。当

*7　タイ、スラー、スタッカートなど個々の派生記号も「アーティキュレーション」と呼ばれていますが、これは本来は概念を表す一つの言葉が、様々な繋げ方や区切り方の名称を区別するための「用語集」にすり換えられて使われているということです。

時その意味はよくわかりませんでしたが、他に敬意をもつことと自分に密かな自負を感じることと「こそ」親近関係にあるのであり、自分を卑下する人は実は相手も大したことないと思うことで心の安らぎを得ているのだ、と徐々に感じてきました。なおここで述べる「卑下」はかなり広い意味であり「自分もあなたもどうせ社会のN分の1に過ぎないのだから時間を無駄にしあおう」的な気分も含めています。

文化の発展は卑下からの目覚め
卑下（と尊大）は関節を硬くする
尊大から誇りを守るためには小さな関節まで必須
目覚めはその表現を伴う必要がある
オースティンは小関節を多用してそれを表現した
ところが日本語らしい日本語に訳したら消えてしまった

縁学のスタンス

さてこの話、片手は「他国語から○○を学ぶ」と繋がっていたのでしたが、もう片方の手は何と繋がるのでしょうか。リバイズ段階でのこの模索中にやっと行き当たったのは、藤原さんが初期に提唱された「縁学」でした。縁学における会話にこそ、「基本スタンス、聞く（耳）、話す（口）」のそれぞれで、辛抱強く言葉の小関節を使い切る意識が役に立つのではないか？定年退職してその機会が薄れている自分よりも、藤原さんにこの応用問題への次の一歩の踏み出し方を示していただきたいと思いました。縁学の第一要素は人（生徒、助手など諸先輩、先生）と場（主にセミナー室、加えて喫茶店、キャンパスの散策地域等）であり、場には縁学に適した構造と使用法が求められますね（ご書簡のⅡ―3「『サークル』について」など）。

「人と場の関係」に関する一つの挿話と感想で締めたいと思います――数学者を建築家に喩えての話です。昔「建築家」S氏が、ある種の集団の共同生活に最も相応しい構造をもつ「家」の設計をして世に広めたとします。実に的確で精緻を極めたものでした。約二十年後、別の建築家D氏が「物理的に」同様な基本構造をもつ建築物をひっくるめて「Sの家」と呼び、「逆に、こういう構造をもつ家はある族の理想的住み家になるのではないか」という予想を立てました。なるほど、面白い。数学はこんな風にしても進歩しています。驚いたのは、この「建物から人間を探す」方向の研究に励む方々が「人間から建物へ」の方向におけるS氏の当初の優れた着眼と業績を知らない風であり、その証拠に『Sの家』はそこに住める人間の族を探している『家』だ」としか認識していないらしいことでした。ごく最近の話ですが、これにはショックを受け、意見を公の場で述べているという状況です。ちなみに、S氏は私の恩師である志村五郎先生、当時二十七歳頃で、私が大学二年生のとき目をかけていただいた前後だったのでした。D氏はフランス系で私より七歳年下です。このように、発見した対象を広げてそれに個人名をつけられるのは有難い反面、実はその代償に「『Sの家』はDの論文から知っているが、『Sの論文』は紐解いたこともない」人たちに次世代（せっかちを強いられている世代）が占められる危険性を孕《はら》んでいます。

理系でも、個々の人間と発見や展開の歴史をもっと重視する文化であってほしい、また最新の論文を情報源として読むだけでなくその源泉の昔の論文も必ず紐解いてほしい、というのは、私にとっても切実な思いであります。

（二〇二二年九月）

Ⅲ-3 言葉の小さな関節を動かして、権力に対峙する

藤原辰史

　今回の伊原さんのお話に、勇気づけられた方が多いのではないでしょうか。たとえば、大きな財力や権力を有する人の暴力を前に泣き寝いりを強いられている人びと。わかりやすさに安穏とするよりも前に、動かされていない（動かすなと言われている）関節を確認し、動かしてみよと伊原さんが説いたことの意義は、何度強調してもしすぎることはありません。「空気を読みすぎる強制」が年々強くなりつつある日本社会にあって、抵抗とはどうあるべきかをくりかえし自分に問いかけてきたのですが、そこに大きなヒントを与えてくれる、そんな内容でした。

　権力者は、私たちの言葉の関節を曲げないようにしている、日本はとりわけそうかもしれない、という洞察自体が、私にはまず魅力的でした。為政者たちは、言葉の洗練よりはその劣化に熱心なのもそのためかもしれません。そして、それに対峙するためには、滑らかさを優先し

て細かな説明を怠ってしまうことを警戒して、きちんと小さな関節を意識して、思考の手指も足指も動かさなければならない、というご指摘を、やはり、日本語で表現することを自分の中心的な仕事としている人間として、反省しながら読んでおりました。だからと言って、欧米語の特権を称賛しているのではない、というご指摘もありがたかったです。ウォーフが「幾多の『未開人』の言葉が幾多の点で欧米語より分析力などに優れていることにも気づき指摘したこと」と論じた点、「学ぶとは何か」を探究するこの言葉のやりとりにおいても、とても重要だと思いました。

輪読・翻訳・再読

人文系の大学院では、外国語文献の輪読が重要な知的訓練の場所です。一文または一章を参加者が順番に読み、訳していく。緊張感が張り詰める時間です。私の指導教員は、「意訳」というものは存在しない、という立場でした。正確さを徹底的につらぬいて訳すことを何よりも優先する先生でした。私は、エルンスト・ブロッホという哲学者やフランツ・カフカ、あるいはナチスの高官の書いたものやグリム童話の翻訳を添削をしていただきながら、翻訳という仕事の恐ろしさを感じてきました。

今回のお手紙を拝読して、あらためてオースティンの『高慢と偏見』を没頭して読みなおしてみました。伊原さんの注釈的文章（ミニ書評、二三六頁）にありましたように、エリザベスが培ったウィットは、いつも物事を笑いに変えながら、真正面から議論を避けつつ、本質を相手に気づかせることを得意とする父親譲りのものであり、また、比較的身分が低く、財産の少ないベネット家の、しかも女性が、身分が高く、財産と権力によって周りの人間を黙って動かそうとする人びとの中で生きていくための技術であると感じました。エリザベスの持続的で内省的で強靱な思考は、いま読んでも気持ちいいものでした。とりわけ、世間から高慢だと思われていて、エリザベス自身もそう固く信じていたダーシーが非常に優れた人物であったと考え直す彼女の反省のプロセスは面白いですね。感情で覆い隠されていた真実が、心理的痛みを伴いつつ、理を通すことで明るみに出てくるところは、学ぶとは何かを考えるうえで、とても参考になりました。

いま、歴史学では「感情史」という、人間の感情を重視する潮流が広がっていて、研究の幅を広げていますが、もちろん時代を生きた人びとの感情を理解するためにもいっそう、研究者は「理」をおろそかにしてはなりません。自分の思い込みを打破するほどの「理」的な態度がなければ、歴史学は容易に担い手の「こうあってほしい」という思い込みによって捻じ曲げられうるものです。エリザベスの醒めた分析力と、論理の階層を作る勇気と、自分自身をきちんと批判できる強さ、そして、相手を信頼して議論を活性化するウィットは、まさに、アーティキュレーションの手本だと感じました。

ちなみに、カフカの小説をドイツ語で読むと、まるで、過剰に細部まで書かれた良質な取扱説明書を読んでいるような気持ちにさえなります。これを読むと説明されているものをすぐにでも触りたくなる、という気持ちと言い換えてもよいでしょう。ドイツ語の冠飾句の構造がくどくならないギリギリまで名詞のイメージを豊かにしておく。単純な動詞で力強く表現する。そのうえで、カフカは、「分かり得ない」ことに辿りつこうとしても辿りつけない、そのプロセスこそを、筆力を傾注し、非現実的な世界であっても現実であるかのように描くのです。

縁学とアーティキュレーション

さて、議論の着地に向けて、伊原さんが応答してくださった「縁学」の経験や可能性について、お話ししたいと思います（とてもうれしく思いました）。それは、アーティキュレーションの技法ともどこかで関係があるのではないかと思っています。

縁学とは、伊原さんが批判していたように、「わたしも三流あなたも三流」というような、わざと議論の質を落としていくようなあり方ではありません。馴れ合いこそ、最も避けるべきことです。たとえば、こんなことを思い出しました。二〇一六年から、京都大学でＩＬＡＳセミナーという一年生向けのゼミを仲間たちとやっています。民主主義や暴力について考えるゼミです。前半は教員たちの講義、後半は学生たちがグループを作って、それぞれの選んだテーマについて発表する、というものです。あるとき、学生たちが、日本の難民問題について発表しました。それ自体大変細かく調べてあって、優れた内容で、私はなんとなく満足していました。ところが西洋史の小山哲さんが、「皆さんは難民問題の構造を説明したけれども、あなたたちもいつか難民になりうる、という当事者性が欠けている」と批判されました。え、ちょっと厳しすぎるなあと私は思いましたが、よくよく考えてみると、たしかに学生の分析が、その問題のただなかに「自分がいる」という緊張感がないように見えてきます。よく人文系では、ちょっと不思議な言い方ですが、「安全圏からものを言う議論」と批判されることがあります。ちなみに、人文系のゼミでは、どうしても論じる人間の立ち位置も問われます。男性の視点、生活費が十分にある側の視点、宗主国の視点、逆に、社会的弱者の立場と完全に同一化するという偽善的視点、そんな視点に論じる側がつい陥って、バイアスが入っていないか、というチェックが常に求められます。

そのために、いまから考えれば、学生たちにはアーティキュレーションが必要だったかもしれません。もっと、難民の定義をしっかりとしたうえで、難民という現象を調べ、難民差別という現象の本質を細やかに抽出することができれば、「あ、これは未来の自分にも当てはまるのか」と気づけるはずです。そのとき、そう思うには、他人の意見が欠かせません。ちなみに、私は、伊原さんとの議論で「思考の節約」の重要さに気づきましたが、これは、議論を省略するのではなく、思考を定式化することで、この縁学に加わっている誰もが「あ、私の問題だ」と思えるようにする、という効果もあるように感じました。

史料の分析も重要です。大学院生のとき、私はある研究会で、ドイツ語の史料を訳して、発表していました。その史料は、ナチスがどれほど農業政策に対して微に入り細に入り指示を出していたか、というものでした。私はたくさんの史料を持ってきて、得意満面で、ナチスというものがどれほど農業政策に自信を持ち、農業を大事にしようとしていたのか、を参加者に伝えたいと思いました。

ところが、あとのディスカッションで、予想外の点を指摘されました。ナチスがこれだけ何度も農民たちに似たような指示を出しているということは、農民たちがあまりにもその指示を守ろうとしなかった証拠ではないか。むしろ、ナチスの農業政策の脆弱性を明らかにしてはいないだろうか、というものでした。私は、自分の思い込みを恥じました。訳すことが楽しくなって、その文脈をとらえることを疎かにしていたのです。「史料批判」、つまり、史料の文脈を理解することが歴史学の生命ですが、きちんとできていなかったことを、参加者に指摘してもらって気づきました。
また、縁学は、自分の論理の展開を相手に直してもらう可能性に満ちています。かつて、人文科学研究所に助手として勤めてすぐの頃、研究所の主な業務である「共同研究」にいくつか入りました。思想と哲学のジャンルが多かったので、つい、参加者が、自分たちの知っている概念でどんどん「空中戦」(という言い方を私たちはよくします)に走ってしまうことがあります。そういうときに、私はなかなかできないのですが、優れた参加者のコメントを聞くたびに「すごいな」と思ってきました。以下は、私が経験したことの実例そのものではなく、それらを抽象化したものと思ってください。「あなたの議論はAはCということですね。しかし、あなたのまとめたことを突き詰めると、AはCというよりも、AはBでもあり、Cでもあるといえる」というふうな感じです。つまり、あくまで相手の土俵の上で、議論を細かく展開してみせると、違った結論にもなりうるよね、というアドバイスになります。私は、こんな意見によって、自分の謬見《びゅうけん》をかなり直してもらいました。

以上は、恥ずかしい事例ですが、自分はとても弱い人間だとあらためて気づきましたし、やはり、私は院生仲間や研究仲間がいなければ、研究はいまの一割の質も保っていなかったと思います。それと、必要以上に自分を卑下することとは異なります。自分の研究に誇りを持つことと、自分の甘さを厳しくチェックすることは、両立するものです。最近は、相互批判の機会がなくなっていると聞きます。ある研究会で院生の前で、私と中堅の研究者のあいだでささやかな批判と応答を交わしたことがありましたが、あとで「ちょっと怖い」という反応があったと聞きました。人格否定と研究批判はまったく異なることはくりかえし言われてきましたが、やはり、自分が井の中の蛙《かわず》だと気づく機会が減ることは危険ですね。

（二〇二二年十月）

Ⅲ-4 感性×知性、音楽の力

伊原康隆

ご書簡大変有難うございました。まず、オースティン『高慢と偏見』から何を学ぶかについて、藤原さんは

エリザベスの持続的で内省的で強靱な思考は、いま読んでも気持ちいいものでした。とりわけ、世間から高慢だと思われていて、エリザベス自身もそう固く信じていたダーシーが非常に優れた人物であったと考え直す彼女の反省のプロセスは面白いですね。感情で覆い隠されていた真実が、心理的痛みを伴いつつ、理を通すことで明るみに出てくるところは、学ぶとは何かを考えるうえで、とても参考になりました。

とも書かれました。私は「理の筋道立て」としてのアーティキュレーションに重点を置きまし

たが、心理面にまで遡れば藤原さんのこの要約こそがポイントでしたね。また、縁学とアーティキュレーションについての二、三の事例のご説明によって、よい対話によってこそ自分とは別の切り口に気づくのだな、これは（少なくとも我々の）分野共通らしいなと感じられ、縁学の概念が少しずつ見えてきたように感じます。そして最後に表明された危機意識ですね。

最近は、相互批判の機会がなくなっていると聞きます。ある研究会で院生の前で、私と中堅の研究者のあいだでささやかな批判と応答を交わしたことがありましたが、あとで「ちょっと怖い」という反応があったと聞きました。人格否定と研究批判はまったく異なることはくりかえし言われてきましたが、やはり、自分が井の中の蛙だと気づく機会が減ることは危険は私も感じており、だからこそ「縁学」の普及によって「説自体を批判し合う」ことにも慣れそれが当たり前になっていく必要があるのでしょう。すぐ「勝ち負け、敵味方」の観点で学論までみてしまう悪習については、私も指摘してきましたが、先日出版された、岡田憲治『教室を生きのびる政治学』（晶文社、二〇二三年）でも、高校生を念頭においた言葉で警告しており、学べることが多い書だと思います。なおこの本では、アーティキュレーションとかなり重なる日本語「分節化」も使われていました（形容詞アーティキュレットへの広がりはないようですが）。

さて今回は舞台が一転します。長くなりますがご容赦ください。

「感性×知性」と「内容の内容」

自らを振り返って「よかった」——少なくも自分らしく生きて来られた——と思えるのは、学びにおいて自らの感性に基づく「探」の心も大切にしたこと、それによって、競争心にそれほどは邪魔されない内面的自信のようなものが生じ、自分の関心の的を「対象の内容の内容」に絞れたこと、加えてその「大筋を感性的にとらえ直して表現したい」という欲求も持ち続けてきたことであったような気がします。私の専門分野では、構造的つながりの把握を基盤とする「知性」は暗黙の前提でしたが今回それも意識の俎上に載せ、感性と対比し直す必要を感じました。では「感性」「内容の内容」とは？

まず「感性」とは、五感と心をつなぐ網の目の（その人の個性に応じた）ある部分が通常よ

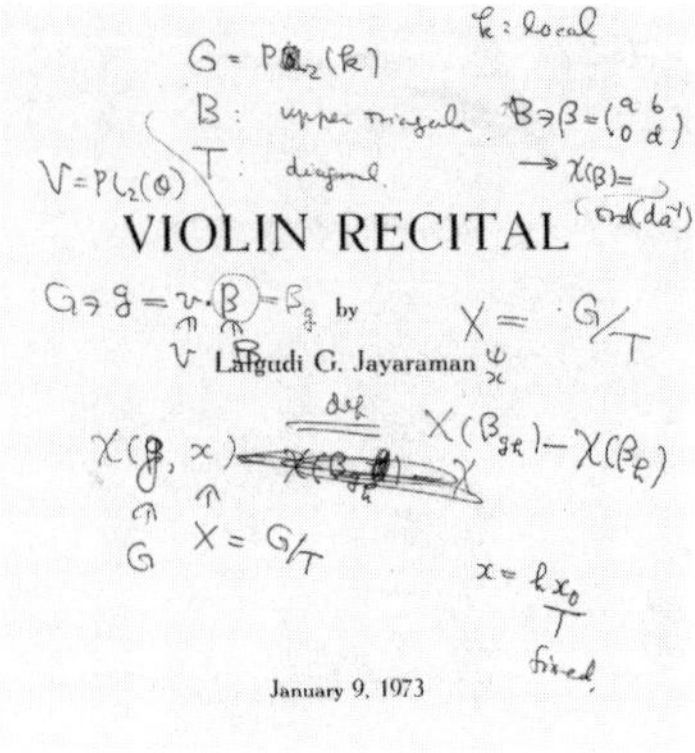

りきめ細かくそれによって影響を受けやすい心の傾向のことでしょう。さらに「できればそれを表現して共有の輪も広げたい」というのもごく自然に（分野の枠などは超えて）生じる気持ちであり、感性を大切に育てるには「その表現の機会を作りそれを生かすこと」も欠かせないと思います。芸術の源はいうまでもなく感性とその表現で、たとえば音楽なら、無心で聴き、響きを心の奥で受け止め、逆に心の声を響きに変えてみようとする。このキャッチボールによって、まず五感と心のそれぞれが普段より意識され、それらのつながりの経路がいくつもできてくるのでしょう。なお「自然科学では感性は不要」と切り捨てる人と重要視する人（私もその一人）双方がいるようです。

　自分自身の特に印象深かった体験は、若手研究者として参加したタタ研究所（インド）での数学の国際研究集会中のある夕べのこと。誘われて行った音楽会の目玉は南部インド特有の楽器とヴァイオリンによる器楽合奏でしたが、昼間の名残りで私は最初は数学の問題を考えていたようです（写真）。ところが途中から独特のリズムと繊細さに魅せられ、ずんずん引き込まれていきました。その様子が舞台の演奏者にも丸見えだったらしく、演奏終了後「舞台に登って演奏者と歓談しないか」と誘われました。それで登壇して握手をしながら「エクサイトしました」と言ったら「顔を見ればわかる」と喜ばれ、「最初は数学らしきメモなどしていたのに」と笑われました。顔面蒼白は自分でも感じました。極めて優れた音楽で、私に限らずある程度感じやすい心には、自然に入り込んでくるものだったのでしょう。のちに調べたら、作曲とヴァイオリンの Lalgudi G. Jayaraman 氏は violin soul music の開拓者で第一人者だったそうです。

少なくもそのとき考えていた程度の数学——昼に聞いた話題と関連した一時的関心事——は見事に押しのけられたのでした。数学をやるのならこれらに負けない美しいものを見つけたい！ と直接強く感じさせてくれる演奏に出会ったのは初めてでした。他分野からこれほど新鮮で強いモチベーションを得られるとは、実体験しないうちは納得できないかもしれませんね。そしてこの種の実体験の機会は、短期目標に沿った検索を通して得られるものではありません。

●

「知性」も定義しておきましょう：社会的動物である人間が個々の知識や知恵を共有し、それら（を理解しやすいように組織立てられたもの）を各自が部分的に内面化してできた網を辿れる（つまり思考できる）こと。

では「内容の内容」とは？ Ⅲ－2にそくしていえば、オースティンの『高慢と偏見』は、その恋愛小説としての筋を「内容」と見るなら、「内容の内容」に立ち入るためにはヒロインの会話からその知性と自立性を読みとる必要があるでしょう。またI－4の、内容としては「モネの睡蓮の絵」の話では、西澤潤一さんが直像と水面反射像を改めて自分の目でじっくり見分けることによって、上下逆さま展示に気づいたのもその好例でしょう。

これらいずれからも、感性的な対象の「内容の内容」に立ち入る際には「知性」も関わっているように思えます。当初の表現が「綺麗！」「絶景」「オー　ビューリフォー」でも、それ自体の特有な良さにさらに心を奪われれば、まず佇んでしばし沈黙、次いで他と区別できる固有な表現――適切な他の言葉、または別の表現手段――を求めたいと思う、つまり内面に蓄積された知識、知恵の網を辿る、つまり思考が介入する。また、それほど良いと感じられなければ「カラフルとビューティフルは違うぞ」とか「多すぎて配置もバラバラ、いくら日本の民芸品を集めても日本由来の簡素の美は壊してるぞ」とか、内心では言いたくもなりますね。

また、知的対象、つまり対象間の関連性の理解がポイントな場合でも、深い内容の発見には逆に感性も関わっていると思います。進化論のダーウィンは感性豊かでもあったことが『ビーグル号航海記』からもわかります。生物種の分岐の研究の原点の一つは、環境に応じた微妙な変化を鋭い観察眼で「見てとれた」ことでした――「オー　ワンダフル」だけで終わらせなかったのが彼の学びで、そこには感性がまぎれもなく関わっていたようです。また、歴史学での「内容の内容」とは「背景の背景」であり、それを理解することが肝要、これが藤原さんのいくつかのご指摘の背後にあると感じました。

こうしてみると「内容の内容を見る」と「感性と知性をかけ合わせる」とは、表現は別でも根は共通なのでしょう。知的な対象の「内容の内容」の把握には感性も関わり、感性的な対象の「内容の内容」には知性も関わるといってよさそうです。そして、人間に本来備わった感性――豊かな自然環境と優れた芸術によって育まれてきた感性――は現代の雑多な刺激の中で変質するか又は見失われようとしている、だからこそ、自然環境の恵みを大切にしつつ、土壌を掘り下げ、普遍的価値を持つ古典作品を丁寧に見直すことも必要なのだと思います。

癒やし系の音楽、身体感覚、心を開くこと

音楽は専門外ですが、若い頃から「音楽愛」が数学研究の伏流水でしたので、「学び」と関連し私の音楽愛がおよぶ範囲内で、話を進めさせていただきます。

「音楽は言葉で表現できないものまで表現できる」といわれます。どういう意味でしょうか？良い音楽は心に直接入り込み、時と場合によっては、心のどこかと驚くほどしっかり結びつきますね。そしていわゆる心の洗濯にも、心のスキマを満たすのにも、精神の鼓舞の源泉にもなりうる。しかしどういう音楽がどういう心の状態と結びつくのか、これは微妙で、ツタのツルが心の琴線のどこと絡まりやすいかのようなもの。良い音楽は柔軟なツタをいくつも持っている感じ。他方、心の状態には、どの琴線がいま「むき出しの淋しい状況におかれているか」といった、本人ですら気がつき難い変化がありますね。どのツタがどの琴線と何時しっかり結びついて鼓舞してくれるかは、音楽、心理、双方の微妙さに応じて決まることで、言語表現とは切り口が異なる、縦糸と横糸ぐらい違うぞ、という認識から出発したいものです。

関川夏央『昭和時代回想』（NHK出版、一九九九年）第Ⅱ章の中の『幸福』の「意味」より一例を引用します。著者が高校生の頃見たフランス映画「幸福」のBGMは一貫してモーツァルトの管弦楽曲だったそうですが……

〜音楽の才能が決定的に欠けた私は、まったくクラシックに親しまなかった。なのにこのとき私は、はじめて音楽というものの不思議な力を知ったのである。モーツァルトは一瞬にして音楽の全体を構想したというが、その曲もまた一瞬のようであり、同時に永遠のようであると感じられた。（略）現在も私はモーツァルトが好きだ。しかし、なぜあのときあれほど執着したのかを考えると、とても不思議だ。感覚器官が妙に鋭い時期にはありがちなこととして済ませてもいいのだが、ほかに思いあたるとすれば、言語への疲労感である。当時私は外国小説ばかり読んでいた。サルトルとヘンリー・ミラーは高校生の流行だった。どちらもおもしろかったが、それでも毎日読めば、多量の言語と、言語に必然的に付帯する「意味」の洪水に疲れる。モーツァルトの音楽は、言葉と意味とをさわやかに吹き飛ばすのだった。

もう一つ、芥川龍之介短篇集『歯車　他二篇』の中の遺稿「或阿呆の一生」（岩波文庫、一九五七年）の四十一番目「病」より。

しかし彼は彼自身彼の病源を承知していた。それは彼自身を恥じると共に彼らを恐れる心もちだった。彼らを、――彼の軽蔑していた社会を！　或雪曇りに曇った午後、彼は或カッフェの隅に火のついた葉巻を啣《くわ》えたまま、向うの蓄音機から流れてくる音楽に耳を傾けていた。それは彼の心もちに妙にしみ渡る音楽だった。彼はその音楽の了るのを待ち、蓄音機の

前へ歩み寄ってレコオドの貼り札を検べることにした——"Magic Flute" Mozart
彼は咄嗟に了解した。十戒を破ったモッツアルトはやはり苦しんだのに違いなかった。しかしよもや彼のように、……彼は頭を垂れたまま、静かに彼の卓子へ帰って行った。

私自身の聴くほうの体験では、ときには（一流）歌手の激唱から直接伝わってくる横隔膜の激しい震えとして、ときにはピアニストの絶妙なタッチが伝えてくれる触覚的な優しい慰めとして、いずれも「身体的にも」感じていたのだ、とあるとき気づきました。聴覚と心が特定の五感だけ通して「短絡」するのでしょう。特に、本能に反して抽象的な思考の連鎖に埋没していた若い二十代の頃に欠けていた身体的なものとして、筋肉の震え、触覚的な慰めがあったのは当然のことでした。

横隔膜の震えはイタリアオペラ（「椿姫」のヴィオレッタの嘆き、「ルチア」の狂乱の場）などの名演奏から感じていました。また触覚的な慰めを繰り返し感じていたのは、モーツァルトのピアノ協奏曲第二四番ハ短調（K491）の第二楽章（ここは変ホ長調）、それはA→B→A'→C→A"という構成で、最後のA"でピアノが「ヘ」からオクターブ近く飛んで上の「変ホ」の基音を「優しく再確認するようにタッチ」するのがこたえられず、いってみれば優しい（当時の言葉で）看護婦さんからのような慰めを感じていました。ですからここを乱暴にまたは素っ気なく弾かれるのはかなわないです。
ずっと後の年代になってから、ベートーヴェンの「第九交響曲」に（アマチュア）合唱団の一員として参加したあるときのこと。合唱団は曲の冒頭から入場、後ろに整列し、合唱が入る第四楽章までは静止した背景の一部になりきって待ちます（我が国の多くの場合）。その第三楽章はご存知のように、アダージョからアンダンテへの静かな流れとトランペットの印象的な響きも持つ美しい曲ですが、団員も人間、なぜかコントラバスの一団を眺め、その低く深い響きに耳を傾けていたら突然、涙が溢れそうになりました。その数日前に知ったちょっとショッキングなニュース――家族にいうほどでもない、大したことではない、でも深いところで傷ついたらしい――と呼応していたようです。それをあっさり癒やしてくれたのは音楽の力でしょう。

次に（聴くだけでなく）より積極的に関わる場合については「音楽を楽しむことは心を開くことと相通じる」ともいわれます。「心を開く」とは、自らの心の状態を積極的に表現し、他者と共有するのを怖れないことでしょう。解放的な喜びなら簡単、甲子園の勝者の校歌斉唱はただ「わーわー」叫ぶだけで十分。でも個人にじわじわ食い込む負の感情を率直な「言葉」にして表現するのは、日記においてすら躊躇してしまうほどハードルが高い。ところが「音楽でなら表現できる！」それは感情的しこりを、いわば「液化」できるからでしょう。これがミソだと思います。

私が音楽を求めていたのは至福の喜びが得られるからでしたが、今思ってみれば「せめてバランスはときどき回復しなくては」という、これも本能から来た防御作用でもあったのかもしれません。数学と音楽それぞれに魅せられ、またある時期からは声楽、ピアノ、作曲などの先生方からの薫陶を受けることもできたのは、つくづく幸いであったと思います。

本物と権威、権威者を♫で笑う

一月書簡（I−5、6）では「本物」について議論しましたね。私はそのとき
（i）「本物は実体験さえすればそういうものが確かにあると感じるであろうに」という（以前も若い方々に対してよく感じた）もどかしさを感じ、
（ii）人文科学の先生方は権威の批判も重要な役割だから、本物といわれるものも「一旦は疑ってみるのだな」という認識を新たにし、そして、
（iii）たとえば「モーツァルトは本物と思い込む」のと「教祖を一方的に信じる宗教」とは「一体どこが違うのか」。もしそう問われたら答えられるか？　という内省に及びました。

これらについての今の私の考えをまとめてみます。

まず（ⅰ）について。美術品の鑑定で新入りを育てるには、まず一流の作品「ばかり」見せて鑑識眼を養わせるといいます。これに尽きるでしょう。それによって、何に対しては本気で正面から向かい合うべきかを自分で判断できるようになる。

「多」との対応の中では表面的処理能力が育成されますが、それだけに終わらせず、選んだ少数には正面から向かい合う喜びを身体で知ること、これも学びの基本だと思います。むしろ分野の壁など忘れてこそ、無心になれる。時の試練に耐えて残っている古典ほど、心の琴線に触れる可能性が高い。そして一対一で正面から向かい合ってこそ、内容の内容への道、自分の中での知性と感性の掛け算が生まれるのではないかな。そしてもう一つ。その喜びは自身の心の喜びとして、つまりそれを「さしあたり他人に誇らなくても」十分嬉しいかどうか心に問うてみて下さい。

次に（ⅱ）に関連してですが、正の意味の「権威」と「いばる権威者」やその取り巻きに対して自然に生じる感情的反発とをまず区別しましょう。学ぶものにとって、良い意味の権威（本来のオーソリティー）とは、今まで時の試練にかなり耐えてきて、次のステップに向かって次世代が思い切り蹴って飛ぶ土台になりうる正の存在のことだろうと思います。私も強い土台を踏み台にさせていただきました。心得ておきたいのは、

蹴るべき土台には、まず「一礼」してから！

他方、土台が武装、あるいは接着剤で塗装され「踏むことも許さない」ような場合には、権威者とその取り巻きは迷惑な負の存在となりうるわけです。この種の権威者を批判でき揶揄できるのは大切なことでしょう。まっとうな文章によって、そして民の笑う力によっても。映画ではチャップリンの「モダン・タイムズ」などで見られるおどけた動作——洒落た音楽の流れに見事に乗っている！——による時勢批判は、批判の対象は「実は手本とすべきではない」との印象を広く流布させたのではないでしょうか？

(iii)については簡単に説明できそうです。宗教とは異なり音楽は、心に沁み込んで浄化してはくれても、この作曲家の曲はすべて好きということはないし、いわんや「これでなくてはいけない、知らないと不幸になる」といった強迫観念に基づく増殖作用は持っていないでしょう。それどころか「モーツァルトのオペラを知らない人はむしろ幸せである」というジョークすらあります。その「こころ」は、「余生の楽しみをより豊富に残しているから」だそうですが。

（ⅱ）の後半に戻って、「尊大な態度」と「（それとは裏腹な）滑稽さ」、このアンバランスの可笑しさは音楽（と呼ばれる多次元の表現様式）によってこそ、見事に浮き彫りにされます。その代表はというと、知る人ぞ知る、モーツァルトで、彼の真髄の一つは疑いなく「権威者を揶揄するときの表現の妙」です。そもそも作曲家が生活の基盤を教会のお偉方、または貴族に頼らなくてはならなかった時代に、さんざん不条理なことをいわれて突き放され失意の連続だった不世出の天才がそれを音楽で表現したのですから、容易に真似できなくて不思議ではありません。彼のオペラでは「フィガロの結婚」と「後宮よりの逃走」とが好例でしょう

そして器楽曲では例えばドビュッシーの組曲「子供の領分」の最後の「ゴリウォーグのケークウォーク」は、音楽としてはやや尊大なワーグナーのオペラ「トリスタンとイゾルデ」の曲の中の「けたたましさ」を強調してフランス風にユーモラスに揶揄《からか》うので有名です。

音楽家の耳、調和感、安定志向

今まで触れてきた癒やし系は微妙な変化の連続、そして揶揄系には突拍子もない変化も入るのでした。それでも共通なのは、不快な音はめったに使われないということでしょう。どんな

状況の音楽でも「耳に響きのよい音によって表現すべし」。これはモーツァルトの信条でもありました。

音楽家の耳は敏感です。ある合唱団で事務連絡がマイクでガンガンなされたとき、指揮者先生が我慢できず「皆さん、音にもっと敏感になってくださいね」と静かにいいわたしました。音波の波形から和音の構成音の音程が聴き分けられるのは、内耳神経がフーリエ変換という難しい数学計算をして瞬時に脳に伝えているからです。ちなみに「高速フーリエ変換の技術」を競う分野では、この製品は「Fastest in the West」だぞ、つまり西部劇になぞらえて「西部一の早撃ち、だからやっつければ有名になれるぞ」と銘打っているぐらいです。ところが実はそれ以上に精密な機械が人間の耳と脳を結ぶ中にある、そして耳は（たとえば）目よりも受け身だから、乱暴に扱われるのを非常に怖れるのは当然だと思います。

格別に耳もよかったに相違ないモーツァルトが「耳に響きのよい音だけを使いたい」としたのには、生理的必然性もあったのでしょう。

振動数の比が（人間に聴き分けられる範囲で）簡単な整数の比になっている複数の音を「和音」、そうでない音を含む場合は「不協和音」といいます。なぜ和音がもろもろの音楽の基礎になっているかというと、普通の楽器で一つの音たとえば一つのドを鳴らすと、振動数がその2倍（1オクターブ上のド）、3倍（1オクターブ半上のソ）、4倍（2オクターブ上のド）、5倍（そのすぐ上のミ）等の音も同時にどんどん小さめですが鳴るのです。それらがミやソの同様な「倍音」ともぴったり重なって耳に心地よく響くからなのでした。他方、不協和音は、分散和音（時間差付き和音）としてなら「行先不明な不安感」なども見事に表現できるだけの自由度を持っています。でも同時に鳴ると不快なわけは、振動数比が簡単な整数比でない複数の音が同時に鳴ると、先ほど述べた振動数が小さな整数倍の「倍音」同士が「ごく近いけれど重なりはしない」という「ニアミス」を起こす。するとそれが生じる「うなり」が耳を刺激するからです。ですから引き裂かれた心の表現などに瞬間的には使われますが、耳の保護の為にもやたらには使われないのでしょう。音楽家が和音進行の調和感覚を大切にし、不協和音の連打は避けてくれという背景にはこのように

人間の生理と心理に基づく根源的な理由

があるのでした。これは「ヒットラーがドイツ的調和美を強調したからどうこう」という以前の問題ではないでしょうか。

ところで「調和美」と「表面的な整然さ」とは厳然と区別したいものです。以前、「第九」の

合唱に、滞在中のドイツからの友人も誘って一緒に参加したのですが、彼はそれまで音楽への積極的な活動はなかったにもかかわらず、さすが伝統の力でしょうか、こう漏らしました。「合唱って、お互いの声をよく聴きあって自然に『一つの声』を作っていくものじゃないの？　ここでは銘々が『自分の声で貢献』しようとしているみたい」。私は内心「われわれは指揮者の指示に対しては忠実なのだが」と呟きながらも、確かに耳が痛い！　と感じました。なお、自分でも感じていたのは「軍隊のように整然と入場し微動だにせず暗譜で歌うこと」のほうが優先されすぎということでしたが、こちらは、ドイツのさる音楽家も指摘していたように、形式を重視しすぎる日本的特徴のようです。

要するに「調和美」は軍隊的（または独裁的）整然性を指すものでは決してなく、各個人の「感性とその融和（シンクロナイズ）」によってこそ生まれるもの。もしこれらが混同され、統一的整然性要求に対する反発が調和美に対する反発にまで及んでしまうとすれば、とても不幸なことだと思います。とにかく調和美は一糸乱れぬ形式的統一性とは別個のもの。乱れても構わないところは一向に気にしない、これは（今の）ヨーロッパではごく普通のようです。

また調和美とは「西洋のクラシック音楽特有な排他性をもつもの」というのも誤解だと思い

ます。たとえばジャズでも、（ピアノやクラリネットなど）同じ音程で調律された楽器を使う限り、同じ意味の調和感を基にしていることに全く変わりありません。ドミソドの振動数比はやはり4：5：6：8。聴く耳には、同時に10、12、15、16……倍音たちも共鳴しあって一つの響きとして聴こえる。先ほど述べたように、すべて人間本来の聴覚と心を結ぶ生理と心理に寄り添っていて、だからこそ心地よい癒やしや楽しみをもたらしてくれるのでしょう。「音楽は一つ」と私も思います。ジャズのクラシックとの相違といえば、それは音の「動かし方」のスタイルが「表現したい心理」に応じて新たに開発されたための相違、というだけのことでしょう。私の高校時代に流行ったマンボ（ナンバー？）でも、出だしは　ソードーミーソーー（上昇しここで揺れ降りる）ファッファファミファミーレファーでした。

音楽的に表現したい心の状態（と対応する「響き」）は様々ですが、どの場合でも聴く側の感情を「叩き起こしたり絶望のどん底に突き落としたり」するのではなく、抑制された響きこそ聴く側に「自然に感情をゆり起こすのだ」といわれます。そうでないとじきに飽きられてしまうからでしょう。再度私事些事で恐縮ですが、以前作曲のレッスンで、高村光太郎『智恵子抄』の一部をもとにした試作「智恵子の梅酒」（歌とピアノ）を先生に聴いていただいたときのこと。発狂にいたる智恵子（短調）から、彼女が作り置いた梅酒のまろやかさを味わうひととき

（長調）への移行……そのうち、重すぎたピアノ序奏はＮＧ、中間は和音が足りない、良い気分で作れた後半だけはいいねえでした。

現代の世相の中、バッハを聴く意味

さて、時代の不穏な「流れ」に対し、藤原さんを含め専門家の方々はその「背景の背景」の詳しいご説明を世間に広めてくださっています。余人には成し得ないことです。では私など非専門家に何ができるかといえば、極めて迂遠《うえん》ではありますが、こういうことかと思っております。一人ひとりが（それぞれの知性と感性によって培われた）大きな調和感と安定感を共有することで一体となり

「地盤の傾きそのもの」

を徐々に戻してゆくこと、これに貢献したい。

そこで、拙著『文化の土壌に自立の根』への共感をしたためてくれた数学の後輩のＴ君の話の一部をここに紹介させていただきます。

ウクライナの「戦場のアコーディオニスト」Igor Zavadsky さんは、爆発音が響く中（ヨハン・セバスチャン・）バッハの曲を演奏し続けておりインタビューに答えて曰く「バッハの音楽は壮大で調和が取れており、この宇宙を表現しており、人々に団結をもたらします」といっている。

T君はこれに付け加えて「政治家の気まぐれよりも音楽の法則性の作用のほうが世界に秩序をもたらす力が強い」という結末になってほしいものですと述べ、さらに音楽評論家の、故・吉田秀和氏の著書『たとえ世界が不条理だったとしても』（朝日新聞社、二〇〇五年）から以下の一節も教えてくれました。

その時、バッハが来た。（中略）《平均律クラヴィーア曲集》全二巻。これをききだして、私はこの不条理の世界にも何かの秩序がありうるのではないかという気がしてきた。（中略）この音楽が続く限り、心が静まり、世界には何もないのかもしれないが、その空虚の中で空虚のままにひとつの宇宙的秩序とでもいうべきものが存在しているのかもしれないという気がしてくる。

（二〇二二年十月）

Ⅲ-5 学びが止まらない

藤原辰史

数学の問題を考えていたのに、インドの演奏家の音楽に惹かれ、いつの間にか壇上に上がって歓談していた伊原さんのお話を聞いて、ああ、伊原さんらしい、と、手にとるようにイメージができました。

とともに、どうしても、感性的なところを「切り捨て」ようとする（そもそも芸術に関心をもたない）自然科学者と話してがっかりすることが多い中で、伊原さんのように、感性も知性も驚くほど研ぎ澄まされている方の話を伺うと、とても元気が出てきます。

というのも、最近、私の本を建築家、音楽家、ダンサー、写真家や画家など、美に関わる仕事をしている人たちが読んでくれるからです。哲学や歴史を、美の領域の人間も学んでいる。言葉にはできないのですが、何か交信が起こっている。私も、そのような作家たちの個展に行くと、ひとつの作品の中で自分が溶けていくような気持ちになることがあります。とくに、写真家の石内都《いしうちみやこ》さんが撮った、被爆者たちの遺品の写真を眺めていると、たとえば、優しく、光をたっぷり浴びて、語りかけるように撮影されたひとつの黒焦げの弁当箱や衣服の所有者が、私に語りかけてくれるような気持ちになります。まるで伊原さんがインドの音楽家の奏でる音楽に「誘われた」ように、私も、いつのまにか、フラフラと作品の世界に没入する。受動的とも能動的とも言い切れない感覚。そのような幸せな実体験は、ご指摘の通り、検索エンジンでは辿りつくことはできませんね。

さて、伊原さんの知性と感性の話に触発されて、少し話がずれるかもしれませんが、私は学ぶことの喜悦について考えてみたいと思います。小さな頃、何かとてつもなく面白いことに出会うと、つい体がぎゅっとなってこそばゆい感じになりました。喜悦というのは、その感覚といいましょうか。あるいは、背筋がぞくっとするような感覚と言ってもよいかもしれません。私の場合は、心臓の音がドクドク聞こえることが多いです。

すくなくとも私が学ぶ過程で心臓が高鳴るのは、こんな出来事です。学びとは、このような学び手の心の動きを切り離せないと私は考えます。

ひとつ目は、何気なく本を読んでいると、自分にとって仮説にすぎなかったことが、疑うことのない事実の提示によって論理的に説明されているときです。「やっぱりそうだったんだ！」というあの感覚です。

モダンなキッチンの背景

たとえば、ドイツの台所史を研究していたときのこと。マルガレーテ・シュッテ＝リホツキーというオーストリア初の女性の建築家が、第一次世界大戦後のドイツのフランクフルトで、大量生産型で、ガスか電気をエネルギーとし、煤《すす》と煙《けむり》に別れを告げた清潔なキッチン、すなわち「フランクフルト・キッチン」を設計します。残されているこのキッチンの写真を見ますと、食料を入れる引き出し型の収納がたくさんある。とってもモダンで明るくてスタイリッシュなものですが、私は写真を眺めていて、どこかに「暗さ」や「陰」を感じ取っていました。けれど、それがどうしてなのか自分で説明がつかない。「直感」とでもいうものですが、証明するものがなく、ただ頭の片隅に、からまった糸のような散らかった感覚が残りました。

ところがある日、ドイツ語で書かれた彼女の自伝を読んでいてある箇所に目が釘付けになりました。リホツキーは、第一次世界大戦のときに猛烈な飢餓を経験していたのです。しかも以前に読んだときには引っ掛からなかった箇所です。「え?」と思いました。女性をきつい台所仕事から解放することに加え、二度と人びとが飢えないような台所を設計することが彼女にとって切実なテーマだった、ということが痛いほど伝わってきました。実は、私は、フランクフルト・キッチンの写真を見て、食料を入れておける引き出しの数が多すぎるとも感じていました。諸々の史料を突き合わせると、リホツキーの設計思想に、彼女の飢餓体験が深く関係したことが証明できました。小さな発見にすぎませんが、思わず「やっぱり!」と声を上げました。

これまでの書簡ですでに述べたかもしれませんが、文系でもっと重視されてよいと思われるのが、数学にとって極めて重要であると思われる「仮説を立てる」という行為でしょう。予想は外れることもあるし当たることもありますが、ただ漫然と資料や本を読むのではなく、事前に予想を立てながら本を読んでいくと、引っ掛かりがたくさんついたかたちの知を得ることができますし、何より、他の研究者たちのヒントにもなります。

研究会での発見

文系の学生も院生も研究者も、一時間から二時間くらい他人の研究発表(それは調べてきたことを概念や理論を用いて分析し、一つのストーリーに仕立てあげるもの)を聞いて、質問したり批判をしたりする「研究会」という共同の「学び」の形式がおそらく理系と同じように、あるいはそれ以上に重視されていると想像します。大体、十四時頃から十八時頃まで続き、お腹がグーッと鳴ったところで終わり、食事に出かけます。歴史学にせよ、文学にせよ、基本は「読む」ことですから、孤高な作業が多い分、他人との対話はブレイクスルーに欠かせません。ひたすら話を聞いて、線を引いて、コーヒーを飲んで、メモをして、批判点を挙げていく、という行為は文系の場合、補助的ではなく、どんなに歳をとっても、本質的な「学び」であり続けます。私も院生の頃から、数えきれないくらいの研究会を経験してきました。人文社会科学の分野では、どんなに資料を集めて読み込んでも、数学のように一ミリのブレも許されないような概念の堅牢《けんろう》さがありませんから、独りよがりになりがちです。そこをみんなの目線にさらして、「答え」に到達するのは無理にしても、せめてみんなが共有できる「確からしさ」を求めて議論を続ける。ただ、研究会は発表者のためだけにあるのではありません。聞いている側にとって創造的な行為にもなりえます。自分の研究分野とほとんど異なる発表なのに、自分の難問を突破するような概念に出会って、興奮する経験がしばしばありました。

たとえば、拙著『縁食論』の元になる文章を書いていたとき、孤食でも共食でもないあり方を、どう表現していいか考えあぐねていました。言葉の表現の仕方は私たちの研究の命です。

•

最初は、ハンナ・アーレントの議論を参考に「公食」という概念を捻り出し、ある研究会で発表したら、「公」という字があまりにも「お上《かみ》」のイメージが強すぎるので、自治的なイメージが抱かれにくいと不評でした。

ところが、ある研究会で、建築に詳しい哲学研究者の篠原雅武《しのはらまさたけ》さんから、若い建築家たちが挑戦しようとしている空間づくりを「ｅｎ［縁］」という言葉でまとめ、ヴェネチアのビエンナーレにそのコンセプトと一緒に建築家のプランを出品したところ、審査員特別賞をもらった、という話を聞き、その図録をいただきました。「縁」という東アジアの文脈でしか用いられない概念でも海外できちんと評価されることに驚きましたが、翻訳しにくい言葉を用いることにどこか躊躇もありました。そしたら、別の研究会で南方熊楠《みなかたくまぐす》に関する発表を聞いていたとき、自然科学と人文科学双方にわたって大きな痕跡を残した熊楠の世界観においても「縁」という概念が重要である、という議論が偶然にも出てきて、それがあまりにも私の悩んでいたこととフィットしたので「縁食」という概念を思いついた、という経緯があります。

読書会の興奮

もうひとつ、文系の研究で欠かせないのが読書会です。実は、伊原さんにも友人とたまにやっている読書会にご出席いただくことが多々ありましたよね。本当に刺激的でした。たとえば、村上春樹の『猫を棄てる』を課題書とした読書会のとき（参加者はほとんどが文系の人）、伊原さんの解釈があまりにも的確かつ説得力があって、みんなで舌を巻きました。なんと鮮やかな分析なのだろうか、と、私も本当に感激しました。

こんなふうに、読書会は、同じ文章をみんなで読んで、共感したところだけではなく、みんながどれほど異なった（優れた）見方をしているかを確認し、自分の認識の限界と特徴を確認する作業でもあります。そしてそれは、伊原さんの言葉を借りれば、日本の言論空間の傾いた「地盤」を、ささやかな会ではあれ、整え直す作業でもあります。以前I－3で少し触れた「縁学」とは最終的にはおのれ自身の学問に向かうステップであるわけですが、その意味で読書会は厳しくも、とてもいい訓練になります。

思えば、私のささやかな学びは、ほとんどが厳しい目をもつ先輩に囲まれた読書会で形成されてきました。たった一文の読みでも、ベテランの方の読みが深くて、自分の浅い読みを反省することを体感してきました。実はいまもそういうことが度々あります。じっくり読んでいるつもりでも、どこかで焦っている。読みの反省をくりかえすことでしか、おそらく、読むという精神の営みは深まってきません。若い人の中には、「読むこと」と「知ること」を同じものと考える人もいますが、読むという行為は、もっと壮大で、深くて、どこか恐ろしい行為であると考えます。まず、内容を正確に把握したうえで、さらに背景を読み込んでいくと、まるで深い森に迷い込んだような気持ちになります。

心に残っているのは、助手時代に、自発的に始めた読書会で、哲学に詳しい同僚たちと読んだ、マルティン・ハイデガーの『Die Frage nach der Technik』（技術への問い）でした。正直、最初はチンプンカンプンで、訳すのも苦行でしかありませんでした。でも、一文一文読んでいくと、難解に訳された「ハイデガー語」に日々の暮らしの根っこのようなものをちょっとずつ感じ始めます。Ge-stell（訳すのが困難な言葉ですが、たとえば、最近の関口浩訳『技術への問い』（平凡社、二〇〇九年）では、「集-立」と訳されています）というハイデガーの鍵概念はとりわけ難解です。ハイフンを取った「Gestell」ならば、「骨組み」や「ラック」という意味に過ぎません。が、ハイフンを入れることで、ハイデガーが批判するテクノロジー中心世界を指す言葉に変身するのです。つまり、vorstellen（表象する）、bestellen（注文する）、darstellen（描写する）、そして herstellen（生産する）という stellen（寝かせてあるものを立てる）系の動詞があらわすものに、私たちはいつも駆り立てられていて、本来は不必要なものまでも暴き立てて生きているのですが、そのような状況を総合的に説明するために、ハイデガーは Ge- という集合をあらわす接頭辞をつけて、Ge-stell という語を造ったのでした。言葉遊びですが、哲学の営みは真剣に言葉遊びをしながら、真理に迫っていく営みだと思います。こんなふうに、一語の概念にくっついてくるたくさんの語が芋づる式につながって見えてくると、議論の構造が目の前に浮かんできて、心臓が徐々に高鳴ってきます。

学ぶ領域が拡大し続ける

心臓の高鳴りを感じつつ学びを続けていくと、どんどんと学ばなければならないことが増えてきて、いつまで経っても収束に向かう気配がありません。私の師匠は、人文学の分野では、学べば学ぶほどどんどんわからないことが増えていくものだ、と昔から言っていました。そういえば、一冊の本を書き終えたあと、私はいつも猛烈な読書欲に駆られます。それは、書いて、整理して、論理を組み立てたことでようやく、自分に足りなかったことを、切実さをもって発見する機会を得られるからだと思います。それは、底なし地獄にも見えますが、私にはやはり悦びであり、楽しみにほかなりません。

（二〇二二年十一月）

•

Ⅲ-6 好考爺《こうこうや》のアドバイス

伊原康隆

ご書簡、今回も有難うございました。定年後の自由を生かし、近所の落ち着いた雰囲気のコーヒー専門店Vで楽しくゆっくり読ませていただきました。心臓の鼓動がかなり高まったのはコーヒーの覚醒作用？　いやいや、主に内容の深さから受けた興奮からでした！

フランクフルト・キッチンは貴著『ナチスのキッチン』（水声社、二〇一二年／共和国、二〇一六年）で印象に刻まれていましたが、その引き出しの多さが設計者の飢餓体験と深いところで繋がっていたことにうすうす気づかれていた、これはすごい感性ですね！　知的な設計のベースに過去の飢えの体験の痕跡を感じ取る。類似例を模索しましたが見つかりませんでした。身体体験がずっと後の知的創造物に反映されているという話は、たとえば心理学で児童の絵から読み取る話などと比べると、「二重の意味で遠くの二つ」を「かなり直接的に」結びつける話ですから。

日本語の「縁」とドイツ語のge-stellen（ハイデッガー博士の合成語と言われる）。どちらも深い根っこ的な用語のように感じ、自分なりに考えを巡らせてみました。後者にも惹かれますが、私には全く未知だった話ですのでとりあえずノーコメント。では、「縁」について改めて思い起こさせるのは何か？　子供の頃からよく耳にしていたであろう「良縁」とか「悪縁」、そして一人旅（悩ましき二十歳頃）の道中、甲府駅近くの宿の小さな風呂で一緒になった商用の男性に「袖振り合うも他生の縁づら（＝だろ）……」と声をかけられて会話が弾み、大いに無聊《ぶりょう》の慰めになったこと、等。これらの場合の「縁」は、ゆるい結びつきであり、加えて「運命がもたらした偶然」も何となく感じさせますね。仏教由来、でも敢えて翻訳すれば「神がつないだ弱い友人関係」（"schwache Bekanntschaft Gottes"?）でしょうか。

しかし藤原さんとのご縁——私にはまさに良縁——が生じてからお聞きした「縁食」と「縁学」には「運命的」といったニュアンスは多分含まれておらず、孤立化を防ぐ、あるいは学びの過程で「意識的に作っていく」べきものといったニュアンスではないかと思います。そして今の世の中で大切なのは、むしろ「積極的な」縁づくりであろう、その「プラス・アルファ」

の一つとして、ご書簡の「研究会での発見」も深いところで共感いたしました。私も「プラス・ベータ」に相当する話をいくつか書いたように思いますので、最終回となる次回に（これも軸、という意識で）さらってみようと思います。では次の話題に移ります。

精読

1　スタンス　精読に関して、まず基本スタンスの話から。私にいわせれば、精読が目指すところはいわゆる「読破」ではありません。名曲を歌い続け三大テノールの一人といわれたかのパヴァロッティは、自身の基本的心構えについて、喉を極力大事にすることに加えて、歌う曲を極力「作曲家レベルで理解」しようとすることだった、と自叙伝に書いています。流石だと思いました。読書の場合もあらかじめ著者に敬意を感じてこその精読。著者レベルで把握できたかどうか自省する謙虚さには、「読破を目指す」明治時代の学生的なスタンスはなじまないでしょう。

2　未知の世界へ　藤原さんが以前に書かれた「目的意識を持ち、それを軸に諸論文を調べ、考え直して真の目的を探ること」は分野にかかわらず重要だろうと私も思いますが、それに加え、理系では、若い頃の基礎的思考力の訓練が欠かせません。すると精読——内容が伝わるかどうかが読者の考える力に依存しているタイプの書物の精読——がキーワードになります。その恩恵は、知らなかった「考え方」を知り、自分で考える力も鍛えてくれること。そして「考える」は大抵は「言葉を使って考える」のだから、しっかりした言語体系を個人の中で作っていくことにも寄与するでしょう。さらに、文章単位の熟読なら表現上の妙にも気づける機会が増え、自分の体験の表現方法へのヒントも得られることでしょう。

3 線路と機関車

精読は「眼光紙背に徹す」と通じますから、勧められる読み方は多読とは別方向、「先へ先へ」ではなく「奥へ奥へ」でしょう。系統立った書物を精読するのは、精緻に配置され分岐点も多い「線路」の上を「注意深く脱線せずに」進むようなものですね。一見読みやすそうな啓蒙書の類でも、読者の側に(時間に見合ったページ数を読みたいといった類の)焦りがあると目線が先へ先へと移って加速され、それだけでも脱線の可能性が高まります。他方、基礎理論の教科書は段階を踏みつつ一歩一歩進みますから、各段階の内容に十分慣れないうちは次に進めないもの、その際は焦らず読み返す必要もあるでしょう。

いずれにせよ、先頭車両は、軽快な快速電車から重量級機関車によるゆっくり牽引に替えないとだめ。重量級とは「一歩一歩に意識の重心をしっかりかける、線路に食い込むように」ということです。たとえば資料検索では効率的な「ページをめくってはキーワード拾い読み」では分岐点すら見えません。同僚にそういう読み方をして一日何ページ読んだという人がいても、それに影響されては損をします。

4　横ゆれ注意　もう一つの重要な注意点――特に哲学系、翻訳物、他分野の啓蒙書などで――は、一般的な基本用語それぞれに対して著者と読者が有している「イメージの相違」でしょう。読者側のイメージはしばしば（著者のイメージの軸からみると）ぼやけ気味、または中心が偏ったところにあって通過時にそちらに意識が引きつけられがちです。以下は自戒の言葉ですが、特に加齢と共に、脳内には「言いたい事として出番を待ちつつある塊！」がいくつも形成されて――つまり脳が分極化して――おり、用語によって最初に刺激された塊がその文章すべてを引きつけてしまう、そういうことも起こりうるのです（他人事と思わず若い方々もお気をつけください！）。すると著者の線路上を走る読者の車両は基本用語に出会う度に、横向きにゆれることになるでしょう。それでは度々脱線しないほうが不思議。それを防ぐには、基本用語のイメージを再確認しながら丁寧にゆっくり進むしかないのです。他国語の翻訳の場合は、言語の相違自体が横ゆれの根本原因になり、「横ゆれを減らすか原意を生かすか」の課題が随所に生じるでしょうから、訳者の苦労は並大抵ではないですね。自分にとって重要な本は原書も紐解き、原文からでしか得られない納得感と満足感を味わう体験をしてみてください。

5　一時停車で休息　建築でもコンクリートを乾かす時間などが必要なように、合間の時間も重要です。たとえば一つの章を読んだら一旦本を閉じ、紙と鉛筆で内容の再現を試み、その確認のため読み返す。さらに大きな合間での、回遊的散歩と夜の睡眠、これらこそが、内容を無意識領域にまで浸透させてくれることを信じましょう。モヤモヤしていたのがあるときパッとわかるのは、無意識領域では継続的に仕事がなされておりその結実時の感動が意識領域に躍り出た、ということのようです。外からはさぼっているようにみられる時間が実はこの無意識活動にとって重要なのです（アンリ・ポアンカレ著［一九〇八年］、吉田洋一訳『改訳 科学と方法』岩波文庫、一九五三年、第一篇第三章）。

6　山登りに喩えれば　新用語の相続ぐ登場は「上方勾配のキツさ」、既知用語のイメージのズレは「ある形の岩の上では体幹がぐらつく癖」、克服の方法がやや異なることを意識するとよいかもしれません。なお、ある山に登るとそれまで見えていなかった「遠方の高い山脈」が望見される、これは理系でもよく知られたことです。一つの問題の解決は新たな問題群の発見につながる。だから「知」には頂点や包括はない、全知全能という言葉は自己矛盾を含んでいるのではないか、これは現在の私の個人的意見ですが。

選書

辛抱強さと継続性を支えてくれるのは、まずは高度な内容への憧れの念とあくなき向上心ですが、それに加えて著者への敬意も肝要でした。ですからそれが持てる著書を選ぶのが大前提ということになるでしょう。良書の条件はさまざまでしょうが、不適な条件なら数例挙げられるかもしれません。たとえば‥

・「一個のキーワードの説明が十分でないうちに次々それにオンブした新手のキーワードが現れる」もの。自戒の言葉として「説明の過凝縮」もその予備軍。

・音楽、美術など、他の表現様式の作品の価値は本来、言葉によってはとても表現しきれないものです。逆に、雑になら「何とでも」いえてしまう、それが怖いのだと思います。私も、いくつかの名曲について自分が感じた美の表現を書き連ねたことがあります。対象が真に好きな曲であり（必要な長さの分ずっと）実際の音が心に鳴り響き続ける場合に限れば、それも許されるのではないかと思っています。異なる表現様式の壁を越えるには、まず下から目線の「敬」が必要でしょう。

・哲学的な要素が強い場合、自説を支持してくれそうな引用が多い書物の論は、「なるほど」と感心はしますが、さらに尊敬してしまうのは、ダーウィンの『種の起源』のように、異説も積極的に取り上げ、それらに対する個別の反論をも併記してある著書です。それらは概してすっきりとは読みにくいのですが、これはイギリス流の（ややこしさを厭わぬ）丁寧さでもあるでしょう。コロナ時代の乱暴な指南本の一つの見分け方は、自分の主張に都合のよい材料だけを集めている風かどうか。

これらの判別感覚は、数ページでも丁寧に食らいついて読む癖がついていれば図書館での部分精読からでも感じ取れるのではないかと思います。選ぶ前に、「何が」書いてあるかだけではなく、知っていることが「どう」書かれているか、この観点からもチェックしてみましょう。

「考える」は攻撃的？

「考えるということ自体、攻撃的ですよ」、とやんわり言われたのは、関節の合理的な使い方の指南を受けた（敬愛する）先生からでした。「身体の動きも物理の法則に従っているはずだから」と異論を挟んだときだったか、その後の何気ない会話のときだったか。びっくりもしましたが改めてこう思いました。「なるほど、でもその攻撃性は、まずは自分自身に向けられて自分の従来の考え方を破壊し、次いで誰かの説得に向けられたときに相手に攻撃的と感じられやすいものなのだろう」と。そして、たとえば藤原さんも私も、元来は攻撃的人間ではないのにそれぞれいろいろ考えた必然的結果として、ときにその意味の攻撃性を共有しているのかもしれない、とも。私は自称（「好々爺《こうこうや》」ではなく）「好考爺」ですから怖がられることが「なきにしも非《あら》ず」です。

数学など、内容は客観的で感情と無関係だし、できる限り「支配」ではなく「共有」を旨として淡々と説明しているつもりでも、残念ながら相手に攻撃的と受け取られ感情的になられることがあります。多分その原因の一つは、純然たる理詰めの連鎖こそ（逃げ場がないから余計に）相手にとっては鋭い刃物なのでしょう。ただ、その矛先が実際はどこに向けられているか——当面の対象に限定か？　相手全体なのか？——を見極めて冷静になれるかどうか、これは話し手の配慮にもよるでしょうが、社会の文化度にも依存するのではないかと思います。慣れていないと自分が全否定されたと感じてしまう。私も中学三年のとき、自分の意見を級友に批判されてほおが引きつった記憶があります。受ける側として、冷静に限定的に受け取れるようになることも「学びの基本」であり、積極的縁学における基本的プラス要素の一つなのでしょう。帰する所は内面的な自信でしょうか、以下の例をご覧ください。

在米のアメリカ人G君とZ君（スイスからドイツへ）の素晴らしい共著論文がありました。それぞれ非常に鋭い頭脳をもち得意分野は相補的という二人がそれぞれの特技を生かせたもの。その研究途上の頃G君の自宅に泊めてもらっていたとき、彼とZ君が電話で議論していましたが「何てバカな（stupid）ことを！」など平気で言い合っていました。これは「個別な内容に対して相手にそう言われても自分の能力が批判されたことにはならない」という確信がお互いにあるからできることなのでしょう。

余談ですが、のちにZ君が京都に来て講演する際、そのアブストラクトを東京で見た私が、この共著論文の主張の半分（定性的部分）は既に終戦直後の論文（これこれしかじか）に載っていますよと指摘し、びっくりした彼は以後「ヨーロッパでは何を話しても安全、でも日本は怖い、これこれの雑誌に既に出ているのにお前はなぜ話すのかと言われる」といいふらしていました。私としては、自分の研究との関わりで熟知していた論文であり、またナチス時代に書かれたドイツ人の論文が戦後一様に忌避され広く膾炙《かいしゃ》していなかったこともうすうす気づいていました。でもZ君としては、その出版社がスイスで著者がドイツ人だったのに日本に来て初めて存在を知ったというのがことさら印象的だったのでしょう。民族や出自よりも学問的好奇心が国境を超える力、といっては大げさですが、面白いものです。

習慣化への道

好考爺の好考について書いてきましたので、最後に「爺」として一言追加いたします。親が子に残してやれる最も大切なものは何か。それは「よい生活習慣をつけてやることだろう」といわれます（ベンジャミン・フランクリンの自伝など）。そこで私にも、この際の老爺心として学習におけるよい習慣「の付け方」へのヒントを一つ書かせてください。何が身に付けたい習慣か、それは各自が考えることですが「こういう習慣を付けたい」と思っても、それを定着させるには一定期間の継続が必要で、その継続の力になってくれるものの一つとしてお勧めしたいのが「まず日記をつける習慣から始めること」。日記帳は広くて分厚い大学ノート（一年間分位は入るもの）がよいと思います。日記というと過去向きとお考えかもしれませんが、ここでは近未来のためなのです。

その決意を日記に書きとめ、いつから始めるかの「Xデー」を定め、その習慣が破られそうないくつかの要因（たとえば面倒臭くなる、飲酒、友達からの誘い、等）を想起して列挙し、それぞれに対策を考えて書きとめ、決して誘惑に負けないぞ、自分の価値がかかっているぞ、と決意表明しておくのです。日記を書くのは夜だとすると、夜の誘いはその間は要注意ですね。「Xデー」とは物騒な言葉ですが、自分との戦闘開始という意味です。だから直ちには始めないことにも意味があるでしょう。開始日を初日とする星取表を作り、その習慣が守れたら○をつけるのを楽しみの一つとする、私の場合は、○を三週間続けるのが一つのメドでした。刺激が多い環境で自分の一貫性を保つための一つの合理的な方法として、ご参考までに。

（二〇二二年十一月）

Ⅲ-7 コンピューターの学びと人間の学び

藤原辰史

「好考爺」というのは伊原さんにぴったりですね。考えることがとかく忌避される時代は暗い時代にほかなりません。考えるよりも従え、という掛け声はファシズムの掛け声であるとともに、現代日本の国家と社会の掛け声にもなってしまっていて、それが余計に私の心を暗くさせます。国会も、地方自治体の議会も、大学の教授会も、議論の場所というよりは、中枢で決められたことをどう処理するかを話し合う場所、あるいは、中枢にとっての意見徴収儀式機関となりつつあって、成員が主体的に深く考える余地がどんどん狭まっています。そして、もっと深刻なのは、人びとがみずから考えることを放棄し、誰かの判断に従いたくなることですね。あなたは命令を処理するだけのコンピューターではない、と言いたくなる場面に最近頻繁に出くわします。そんな時代に、考えることをこよなく愛する伊原さんと忌憚なく言葉を交わせたことは、やはり幸運でした。

今回が、伊原さんへの最後の手紙なので、これまでのやりとりを読み返しましたが、「考えるよりも従え」という掛け声とは真反対である伊原さんの知のあり方にあらためて深い感銘を受けました。常識と思われることも根本から疑う、理詰めで考え抜いてみる、集中するときには自分への誘惑を意識的に断ち切る。伊原さんの知の態度に間近で接することができ、複雑な問題にあたるとつい、自分の都合のよい安易な図式や物語に落とし込もうとしたがる怠慢な私にとって、よい薬となりました。あらためて、お礼を申し上げたいと思います。

余談ですが、歴史学の研究会でも、説を批判するのではなく、その説を訴えた人格を否定するような場面にたまに出くわします。私もある大きな学会での発表で「そもそも藤原先生はこういう人ですから」と人格もろとも否定されたことがあり、しばらく苦々しい気持ちが消えませんでした。このような言動が学会でまかり通っている以上、学問の発展は望むべくもありません。その点、伊原さんが教えてくださったGさんとZさんの関係は学問の担い手のあるべき姿を示してくれています。

AIと人間の違い

さて、伊原さんの知的態度は、哲学書の解読をＡＩ翻訳に任せるような態度と正反対に位置づけられますね。私も、人間の知性をＡＩに吸収されたくないと強く思っている人間ですが、もうひとつ私が恐れているのは、ＡＩの答えが唯一の正しい答えであると信じる人が増えていくことです。人間の知性がＡＩ化していくディストピアと言い換えてもいいでしょう。

最近のニュースで、防衛省が世論誘導するためにＡＩの力を借りて、ＳＮＳの発信を進めているというものがありました。ＡＩに「ディープ・ラーニング」させているのはＡＩではなく生身の人間です。これまで人間が考えてきたことの中でＡＩに「最適解」を求めている。防衛省のやり方に怒りを覚えると同時に、防衛省はなんと貧弱な人間観しか持っていないのかと驚きました。こんな薄っぺらい思考を持った人たちが防衛を担ったところで、死の恐怖に怯える人びとの心は国から簡単に離れていくことでしょうが、国民もまた、どんどんと批判的思考を失いつつあります。

ナチスが各団体を一斉に支配下に置くために工作すること（たとえば、トップをナチスにすげ替えること）を Gleichschaltung と言います。「強制的画一化」などと訳されますが、要するにスイッチを押して、すべてを一気に変えるという意味ですね。人間は刺激と反応によって内面も変わりうる、という発想がここに見え隠れしていますが、人間の感情はそんな単純なものではない。現に、ヒトラーも、政権の末期になると、スイッチを押して心を変えてやろうとした人間たちの抵抗から逃れることはできませんでした。残余が必ずある。その残余こそが、人間の歴史の動力であると私は信じています。

もしかすると、優れた歴史学の世界中の論文をＡＩに読ませて、それらしき歴史論文を書かせ、ある程度のレベルの研究論文らしきものができあがってしまう時代が来るのかもしれない。そうすれば歴史学者は廃業だと考える人も出てくるかもしれない。実は、いま論文を書いている歴史学者の中でも、ほとんどＡＩが書く論文と変わらないものがあることも否定できません。私の感覚からすると、それはしかし、動機のない論文です。

友人から聞いたのですが、あるテレビ番組でＡＩの研究者がこんなことを言っていたそうです。男性が女性にモテるようになるために、いろいろな情報やデータをＡＩに学ばせ、どうすればうまく女性と言葉を交わし、手をつなげるようになるのか、その道筋をＡＩが示すことができる、と。そのとき、あるコメンテーターが、「私は誰かとなかよくなるときに手をつなぐ行為に重きをおいていない」というようなことを述べて反論したそうです。人間と人間のあいだに存在する樹海のような複雑な心理の動きをＡＩに「ラーニング」させられると思えること自体とてもおめでたいことだということに、研究者は気づいていなかったわけです。

ＡＩの「ラーニング」には、ＡＩ自身の抜き差しならない動機がない。ＡＩの営みは、「世論を操作したい」というような、利用し設計する人間の動機に支えられています。他方で人間には、問いと向き合わざるをえない強烈な動機、あるいはそれに向かわざるをえない逃れられない歴史と環境が存在します。

伊原さんが、学問の営みには頂点がない、ある山に登って遠くから山脈を見渡せるように努力することだとおっしゃったのは、伊原さんの文章の中で最近私がお気に入りのフレーズを借りますと、「我が意を得たり！」でした。ＡＩは与えられた世界の頂点を目指すことが重視されます。しかし、私たちは、世界の最終的な真理が手の届かないところにあると知っていて、せめてその姿を一部でも遠くから目にとどめようと飽くなき挑戦を続けているのにすぎません。人間は有限であるから、全知全能の神にはなれないのです。学びはプロセスでしかありません。

もちろん、伊原さんがずっと言っておられるように、動機だけでは学ぶことは不完全です。さまざまな知識や規則をきちんと習得し、それが使いこなせるようにすることが必須です。野球の素振りのように、ひたすら訓練を繰り返すだけの作業は学問にも欠かせません。私もソフトテニスというスポーツを中学校から大学院までやってきましたが、ボールが来ると想定しながら、足を小刻みに動かし、数えきれないほど素振りをしてきました。素振りをすればするほど、スイングの軌道が安定し、実際に予想外のボールが飛んできたときも、体が自然に反応して打ち返すことがしやすくなります。

伊原さんが強調されているように、学ぶには体を使うこと（たとえば、手を使って書くことや声を出して読むこと）がともないます。体の疲労、限界、高揚は、学問の営みの邪魔者にもなりますが、そこを通過していなければ学問はただの機械の示す情報の束になってしまいます。伊原さんが分厚い日記に、生活に関わる自分への禁止事項が守れたときにはマルをつけていた、という習慣には驚嘆しましたし、そのような習慣を自身に課すこと自体、思考が人間の体を通過してしか生まれないことを示しているように思います。

考えるとは何か

ＡＩと人間の思考の違いを踏まえたうえで、歴史学研究者にとって「考える」とはどういうことなのかを論じたいと思います。

タイムトリップもできない以上、歴史学は永遠に届かない現象に対する想像という行為にすぎません。いや、仮にタイムトリップができて、一九三三年一月三十日のベルリンに到着し、松明行列を担う突撃隊員たちを首相になったヒトラーがバルコニーから眺める、というシーンを目撃し、突撃隊員にインタビューができたとしても、それは歴史学の営みとはほど遠いものになります。歴史学の営みとは、かつて伊原さんが微分の比喩として示してくださった、バッターのフライ性の打球をキャッチしようとする外野手のプレーに似ていて、ある一時期の現象が、これまでのどのような現象の連続の上に成り立っているのか、そしてそれが、どのように進みうるのかを推察する行為と言ってよいでしょう。もっといえば、人間の記憶が誤りうることと自分が「全知全能」ではないことを前提に、その誤りうることの背景も含めて、では実際に何が起こったのかをできる限りたくさんの史料を集めて推察する、ということです。ある現象の背景をいくらＡＩに「ラーニング」させても、そのうちどれが確からしいかを選択するためには、エラーや、ごまかし、癖といった人間っぽさをどこまで知っているかが問われます。

カズオ・イシグロの、たとえば『日の名残り』や『浮世の画家』のような小説が歴史研究者にとって興味深いのは、人間の鈍感さの問題、もっといえば、鈍感であろうとする心の動きを扱っているからです。すくなくとも私にとって胸がかきむしられるような切なさを覚えるのは、自分がどんな偏見や思い込みに基づいて行動しているのかをその時点で当事者は、うすうす「気づいて」いながらも、その「自覚」からは逃れられること、しかしながら、それを自覚し始めたときにはすでに別の現実が動き始めていて取り返しがつかないことになっている、という人間の現実です。たとえば、『日の名残り』の主人公の敏腕の執事スティーヴンスは、敬愛する主人が対独融和主義者でした。しかも、ナチス・ドイツのイギリス工作に関わっていきます。スティーヴンスはそのことを知っていましたが、ひたすら誠実に彼に仕えることこそが美徳であると信じ、もしかするとどこかでごまかしながら、一緒に働いた女中頭ミス・ケントンの淡い恋情にも気づかず（もしくは、気づかないふりをしつつ）自分の職務を一心不乱に遂行しようとしていました。しかし、世界史的文脈の中では、主人とそれを支えた人が果たした役割は、ナチス・ドイツのもたらした悪夢を助けることにほかなりませんでした。スティーヴンスは、戦後、あの時代を回想しながら、そして、ミス・ケントンと話しながら、最後までこの歴史的問題への完全なる直視には至りませんが、ミス・ケントンのかつての恋情にはうすうす気づき始めます。どちらも「もう遅すぎる」のです。読者は、どちらの真実も、スティーヴンスの自己欺瞞の語りのほころびでしか、窺うことができません。

そんな切ない状況の中で、自分の陥っていた偏見だけは残酷にもくっきりと目の前に浮かび上がっていく、という経験を多くの人がすると思いますが、それが歴史学の営みに似ていると思います。もちろん、そこにはいらだちや、くやしさといった感情も芽生えます。伊原さんのおっしゃった「攻撃性」を歴史学のジャンルに当てはめると、こういうことにもつながってくるかもしれません。だから、未来だけを向きたい為政者に歴史学の営みは警戒されるのだと思います。

動機とは、その人のこれまでの学習経験や読書経験、そして人間関係や耳学問の総合的な関係から生まれるものです。学習もその動機に支えられて、言語を習得し、ダーウィンのように他の説を精読し納得できないところは批判して、くりかえし自分の知識を鍛え直さなければなりません。だから、人格否定ではない、絶え間ない批判と応答を避けることができません。

歴史学にとって「考える」とは、そういう意味で、雲に隠れて永遠に晴れることのない山の風景を遠くに眺めつつ、それが本当はどのようなかたちであるかを右往左往しながら描いていく画家の試みに似ているかもしれません。温度、湿度、風向き、太陽や月の位置、季節によって山の表情は刻一刻と変わっていくことにも注意を払いつつ、それでも一枚のカンバスにまとめあげる荒技が求められます。

散歩と睡眠

最後に、「回遊的散歩」と「睡眠」について考えてみたいと思います。若い頃はそうでもありませんでしたが、最近は痛いほどこれらの重要性を感じますね。これらの有無で、明らかに思考の質が変わると体感します。ですから、すでに小学校から散歩と睡眠があまりにも軽視されすぎている日本の現状を私は憂慮します。文章を書くときも、散歩しながら「こんなふうに書こう」と思いつく瞬間が多ければ多いほど、心が躍るような執筆作業になりやすい。睡眠をしっかりとったあとの思考は整然としていますし、落ち着いていて、無駄な高揚や下心が排除されている。純粋な学びの喜びを根拠にして、思考を続けることがしやすくなります。

では、私たちから自由な散歩と深い睡眠を奪うものは何か。私たちを深い思考から剝ぎ取り、結論を急かし、焦らせているものは何か。何でも社会や環境のせいにはしたくありませんが、これから学ぶことに人生の貴重な時間を捧げようとしている人にとって、このことも考えておく必要はあるでしょう。とくにいまのような時代には。さもないと、自分の学ぶ時間が取れないばかりでなく、学ぶこと自体が中途半端に終わってしまいます。歴史学はこの原因を「近代社会の進化」や「資本主義の高度化」などといろいろな言葉で説明してきましたが、どちらも一面をあらわしているにすぎません。

さらに残念なのは、雑務に追われる現在の研究者がこのような現実を変えることのできない前提として受け入れすぎていて、少しでも考える時間を捻出するために散歩と睡眠、これに加えれば雑談の時間を削るという本末転倒なことが起こっていることです。実は私もそのような残念な状況に近づきつつあるのですが、スティーヴンスのように事実から目を背け続けていま す。

このような状況を打破するための方法について答える用意はありません。ですが、伊原さんとの往復書簡のように基本的なことをめぐって対話を重ねることは、すくなくとも学びの原初的な喜びを再確認することにつながりましたし、忙しさに心までも奪われないようにしようという意識が高まりました。一年を超える対話が、疲弊していた心の生態系の回復につながったようで、これは考えもしなかった効用でした。このことを、最後にお伝えしたいと思います。

（二〇二二年十二月）

Ⅲ-8　回顧と分析

伊原康隆

ご書簡有難うございました。ＡＩに関してのご懸念は私も共有しているつもりで、詳しくは後半に回しますが、まずはその直接的な補足を試みてみましょう。

第一の懸念は、社会が「それを使える少数のグループ」と使えない「その他大勢」に分断され、前者はそれを自利のため好きなだけ利用し、いわば「ＡＩ《トラ》の威」を借りて権力を強め、後者はそれにひれ伏し盲信するしかない状況になることでしたね――ヒトラーによるラジオのほぼ独占的使用をも武器にした強制的画一化（Gleichschaltung）のように。これについては、ＡＩ使用を一概に否定するよりも、むしろなるべく多くのグループがそれぞれの目的に応じた利用を積極的に試みることこそ、その限界がより大勢に早めに認知され、ＡＩを使った結論に対しても十分に懐疑的になれる層が広まるのではないか？　我が国も「民の賢さ」は底知れないから、こう信じてよかろう。ここ一年の間に私はこう思うようになりました。

第二の懸念はディープ・ラーニングという言葉はいかにも深い学びのような印象を与えるが、この言い方はずるい印象操作であり、その実態は「既知の流れの統計的な処理の規模の大きさだけ」。

使える問題は「この流れを利用して早く船を進めるには、従来使われた方法の組み合わせの中ではどれが一番有利か」に限られ、流れ自体を変えなくてはいけない場合にその警告も出せないであろう、だから社会に対する人文科学の最重要な役割はAI君には取って代わり得ないはずである、と私は（これは従来から）分析しています。たとえばマーケティング・リサーチになら使えるといっても、各消費者が本当に買いたいからではなくやむを得ず代わりとして買っている場合にその動機までは読み取れないから、藤原さんが書かれた「人間っぽさ」とか「残余こそ」が見逃されるでしょう。

さて、表題の「回顧」は私からの書簡の流れの、動機の展開に沿った復習になります。そして「分析」はスマホ検索やAIに出来ること出来ないことの数学者的分析ですが、それは人間の短視眼的競争意識、および人類が到達した認知革命で「人間とAIはそれぞれどの段階にあるか」を見極めることとも関連していますので、それらと相前後して述べることになります。

私からの書簡の動機的なつながり

「学ぶとは」について自由に書かせていただいてきましたが、私はクラスの優等生だったことはめったにありませんでした。好きな科目と能力が偏っていたからでしょう。でも先に進むほど楽しくなったのだから、それでまあよかったのだろうと考え、まず学びにおける「習」と生徒発の「探」を意識的に分けようと提案しました。これらは両者のバランスが大切ですが、日陰に置かれた感じがする「探」の意義を強調したわけです。

これに「能」を加え、日常生活での意識にまで広げたうえで、なぜ日本では「探」がなおざりにされているのか考えました。すると、「探」の気分を一般化した「〇〇したい」「自由意志に基づく選択を尊重してもらいたい」に相当する日本語が「弱い！」ことに根本的な原因があると感じ、他国語と照らし合わしての分析を二、三回試みました。「上に遠慮したもの言い」の習慣が、「個人の心の方向を表す基礎的な動詞の欠如」として固定してしまっているからだろう。これが私の総括的感想です。少なくも学びの「探」に遠慮は不要！

そこからは自分の好きな分野だった理系（と音楽）を念頭においた話が中心になりました。これらの分野に共通なのは、基礎となる考える力や感じる力を養うことは人間としての成熟とは独立に「早くから始めるほど良い」ということ。スポーツや将棋などでも言われていることです。人文科学とはここが違うのでしょうね。私の「学ぶ」の話が初段階中心だったのも、このためでした。

自然を支配する法則（理科）またはその奥にある抽象的な関係性（数学）、これらの美しさに異常ともいえる強さで惹かれ、その中に「自らを埋没させる」。この表現がぴったりなのが理系の「探」の学びでしょう。ここで「美しさ」とは、以前にも釈明したように、見かけ上の「乱れのない整然さ」のことでは決してなく、驚嘆し「ああこれだから！」とストンとくるもの、という意味でした。そして幸いこれらには、先人たちが残してくれた「手本」があります。この言葉も反発を招きやすいようでしたから「しっかりした踏み台」と言い直してみました。

昨年の暮れから正月にかけては「本物とは？・」についても論議しましたが、いいかえれば、本物とは「後世の手本、つまり踏み台になりうる」機能を有する作品、とも定義できるでしょう。それらが人の心にもたらしてくれる共通感覚は、まずは啓発されることですが、この夏以来の話題はその底には調和に包まれた「安定感」「安心感」が広く行き渡っており、それを大勢の民が共有することも平和への静かな基盤になるのではないかということでした。そしてこの「○○感」も、人間の生理に基づいている以上、二、三世代で変化するはずがなく百万年単位の普遍性を有するものだろう。普遍なものを求めたいというのも「学び」の夢ですね。では「対象把握方法の意識革命」は？

パラダイムシフトを生じる「踏み台を蹴って飛ぶ」と、踏み台にある安定的な調和感を「無視する」との間には、正の関連性があることは疑いないでしょう。ただし、大きな飛躍であればあるほど「従来の言語で乱暴に表現できるものではない」とも思います。ここでも我々の言語に対する感覚と音楽家の音に対する繊細な感覚とを是非比べてみたい、こう考えたのが夏以降の私の話になりました。

さて、人文科学は「大人の学問」ということに異論はないでしょう。私自身は、違和感に対する敏感さとそれを避けたがる欲求の強さを自覚しておりますので、残念ながら大人の学問には向いていないと感じております。矛盾に気づき「矛盾が出たら出直し」というのが数学、「数学的違和感に対する敏感さ」なら生かせる。でも人間社会が対象の学問では「矛盾の存在は大前提」。その中で、美的調和を楽しみにするでもなく、醜い現実と矛盾を直視しながらなされる研究――社会にとって必要不可欠で自分にはできないこと――に長く携わっておられる先生方には、改めて表明させていただきますが、従来から深い敬意を感じております。

そしてわれわれ共通の思い「大学における『すぐ金にならない』基礎研究を守っていこう」については、Ⅱ-4とⅡ-10で書かせていただきました。前後の藤原書簡と合わせご参照ください。数学分野に関しては以前からご理解いただいているのですが、Ⅱ-10のポイントは、より広い地球環境の研究などでも「地道な基礎研究と警告に携わる informer 側」と「企業と結託し隠蔽しようとする disinformer 側」(McIntyre 氏の言葉)に峻別されるのだ、文系の先生方にも理系におけるこの峻別を是非ご理解いただきたい、ということでした。

文と理の相互理解と協調、共闘のためにも。

勝ち負け、優越感と劣等感

今のNHKの朝ドラで、航空科の学生たちが怖い教官から飛行テストを受ける話が進んでいるのですが、なぜか「鬼教官」に「勝つとか負ける」とか、人命を預かるのに必要な能力の客観的判定の問題が人間関係の問題と取り違えられている。

自分の子供時代の教育環境と気分を振り返っても、勝ち負け、優越感と劣等感などの感情から決して自由ではありませんでした。これは興味を抱いた対象そのものへの熱中とのモザイクだったと思います。しかしあるとき（たぶん高校時代）はっきり悟ったのは「それらは忘れ、対象そのものに白紙の気分で当たれてこそ目が開かれる」ということでした。少なくも理数科での第一はあくまでもこれ。他者の意見が妥当かどうかはその上で、その物差しで考える。この習性はどうか十代のうちにつけてほしい。

「学びが進むこと」と「狭い社会の人間関係から生じる感情から解放されること」は密接に結びついている、また周辺の知人を「すぐ敵と味方に区別したがる習性」が、もし育った環境などから自然に身についていたのなら、その習性からは縁を切る、これも「縁学」の基本要素でしょうね。

さて、与えられた方向でしか考えない、考える代わりに何かに頼る、特に電子機器に頼る、は、藤原さんのご指摘のように互いに関連しあっており、それは正に人間性喪失への道でしょう。そこで以下、数学者の立場でそれを掘り下げてみたいと思います。長くなり「延びること餅のごとし」ですが、正月休みにでもご賞味ください。

デジタル機器に頼ると……

結局頼りになるのは自分自身で時間をかけて築いてきたもの、とよくいわれます。ここではそれに「どんなに便利な電子器具に囲まれていても」を付け加えて話を進めたいと思います。現在流布している認識はどうでしょうか。

- 「知」とは（断片的な）知識のこと
- 必要な知識はスマホで検索すれば大抵は得られるよ
- 難しいことは人工知能ＡＩがやってくれるよ
- 最後までＡＩにできなくて、人間にしかできないことは何か？　それは「消費すること」！

こういった風潮、論調が支配的です。風潮としては、身近な会話においても、何か知識についての話題になると必ずスマホ検索が始まり、それで終わってしまう。将棋でＡＩの方が強くなると「将棋では」が「たぶん学問全体でも」に及びそうな雰囲気がただよってくる。

これらに対する反論をかいつまんで書いてみましょう。

・「知」は物事を「つながりを込めて」理解する捉え方だ

・つながりの理解は、自分で何度も書いてみて納得し脳内に軸をつくるようなものでありスマホ依存では得られないだろう

・AIも（後述のように）融通が利かない代物だから、できることは限られているよ

・人間にしかできないことは、消費より高度なものが豊富にあるよ（巻末の「AIと数学と」）

知識を道具に頼り切ることは、電子機器の進歩に伴い、それを使わ（え）ないグループに対する優越性を与えてはくれます。しかしすべての選択が何らかの代償を伴うように、それも犠牲を伴っているはず。ではこの場合、犠牲は何でしょう？

これはどうなっているのか？　どうすればできるようになるか？

こういった疑問の解決を探る際「まず自分で考え工夫してみる」といった手間をかけない、道具から答えが出たときもそれに従うだけで終わってしまい、

「なぜそれが良い方法なのか、仮にそれを使わなかったらどうか」

等を考える習慣とその力を鍛えるチャンスを失っているのではないか。ところでまさか、そんな習慣や能力は不要とお考えでしょうか？　そこで次のポイントが登場します。

デジタル的な道具が教えてくれるのは、「それぞれ個別」の場合に限定された処方箋であり、他方、自分で考える習慣で身につくのは成り立ちの理由をも感じ取れる「普遍性のある能力」。これらの習慣からの影響の差は先に行くほど大きい！　このことをなるべく若いうちに悟ってほしいものです。道具に頼り過ぎるのは、人間力という観点では「進化」ではなく「退化」ではなかろうか。さらに言えば、個人の知力を商業主義――道具を次々改良し以前の製品を使えなくして売り続ける――に屈服させてしまうことではないだろうか。

動物的能力か、人間水準の知性か

巻末のミニ書評でも取り上げる

J.Pearl & D.Mackenzie "The Book of Why" (Penguin Science 2018)

(AIに関する基本は第一章で、"strong AI" は第十章)には、「人間の認知革命は三段階に分かれて進んだ、AIはまだ第一段階に過ぎない」との丁寧な説明がなされています。「情報をどう受け止めそれを使って判断をどう下すか」の相違こそが以下で述べる段の相違という話です。

一段目は　受け身の『見る』だけで判断(what, if I *see*…)。
二段目は　さらに『介入』によって一部を変えてみて判断(what, if I *do*…)。
三段目は　仮にそうでなかったらどうか(what, if it *were*…)、
　　　　　想像力にも訴えてみて判断(what, if I *imagine*…)。

たとえばネコがネズミの出没口と動きを繰り返し観察し、こう見えた時にはこうすればよいという方針が立ち、それをその都度の捕獲に役立てられるのは第一段、サルが棒切れなどの道具も使って穴をほじくり、隠れている獲物までも捕獲できるのが第二段。ただしこれは「ただ上手く使える」段階であり、なぜその道具でうまくいったかの理由も考えそれをより広く応用しようとするのは次の第三段。棒切れでも、突っつくだけでなく「テコの原理」を使ってシャベルのように手元と先端が逆方向に動くようにすれば能率が良いこと（支点という新たな存在！）に気づき、テコの原理で重いものを小さい力で持ち上げるなど、その広い応用もできるようになれば第三段ということだと思います。また「仮にそうでなかったらどうなるだろうか」をも、しっかり想像して見ることができそれを判断に生かせるのも第三段。

なお、ここでネコとか人間とかいうのは、それぞれの各個体がその潜在力を遺伝子として受け継いでいるという意味合いです。第一段の極みは動物的能力（Animal-like Ability）、第三段は人間レベルの知力（Human-level Intelligence）という表現が引用されています。ではなぜAIは未だに第一段なのでしょうか。

AIの能力と限界について

AI（Artificial Intelligence）が働く仕組みは「入力されあるいは感知されるデータの流れ」の中から（直接にせよ間接的にせよ）人間によって教え込まれた方法によって判断に必要なデータを選び、教え込まれた手順によって判断を下す、でしょう。たしかに大量データを駆使して人間にはとてもできない分析結果を出すことができます。

有限ゲームの一つである将棋では、一次的データは局面（盤面と各自の持ち駒）ですね。それぞれに対して「あり得る次の数回の局面（二次的データ）」の数も、ほぼ一定の範囲に抑えられています。それらの中から「過去のデータに基づいて最も勝ちに繋がった確率の多い局面」に進む手を選ぶのが（α、β、「ディープ」等の）基本のようです。

しかし一般に「要素の個数」に対して「それらの間にあり得る関連性の個数」は「指数関数的に大きくなる」ことに注意しましょう（将棋の場合、要素は局面、関連性は「局面間のつながり」と対応）。モデルとして平面上にN個の点（要素）をとり、それらの一部を線分で結ぶ多角形（関連性）が何個あるかというと、頂点集合の選択だけでも2のN乗（Nの指数関数）通り、いいかえると関連性の量の桁数が要素量と比例して増大するわけです。

容量の単位としてバイトBに1000倍ごとにKB、MB、GB、TB……と付けた単位が（現在10の30乗倍QBまで）使われていますが、これが意味することは、要素数Nを一定量（上記のモデルの場合 3/log(2)で、これは約10です）増やすごとに（あり得る）関係性の量はMBからGBへ、GBからTBへと、この「単位自体」が一つずつはね上がる。成る程これでは如何に大型計算機でも技術の進歩があっても大変だろう、一次データから二次データに進む過程で「Nの大きさに応じた大幅な選択」が必要であろう、と納得できますね。

そして選択基準を「いちいち具体的、デジタル的に与えないと働かない」のが、忠実な計算機に過ぎないAIの泣きどころです。

一口でいえば「融通が利かない」。

たとえば家の掃除の依頼。相手が人間なら、家人でなくても、「誰それが今病気だから時と場所を気をつけてなるべく静かに」と頼んでおけば、あとは適宜判断してもらえるでしょう。でもロボット掃除機が相手だと、そのつど具体的に時間帯と場所をセットしてやらないとだめ。

また自動運転車の場合「ボールが転がってきたら子供が出てくる可能性大だよ」とか「ウィスキーボトルを抱えている歩行者は想定外な動きをするだろう」とか（この二つだけなら対応済みでしょうが）そういった種類の細々したことをデジタル的に表現し直して個別に教え込まないとだめ、という融通の利かなさは機械というものの本質と限界なのでしょう。

将棋で、ある局面だけで試しにＡＩの助けを求める場合でも、ＡＩは「勝つ確率はこの手が一番高い」と教えてはくれても「それはなぜか？」は自分で考えないといけないそうです。

論点が一旦それますが、関連した二つの疑念にここで触れておきましょう。そもそも将棋をやる主な意義は、勝つことを「仮の」目標として「考える喜びを味わい、人間の考える力を開発する（プロの場合）」ことではなかったのか。まさか「相手に勝つこと」自体だった？　これが人間側からの根本的疑念。またＡＩ開発にとっても、この種のゲームで人間のプロに勝てる機械を作るのは、開発段階を可視化して世間の理解を得るための仮の目的だったはず。それがその競争自体が目的化していないだろうか。これがもう一つの疑念。いずれも、「仮」だったものが競争意識のために目的化し、競争好きの世間にもてはやされすぎているのではないだろうか。

なぜ「ＡＩはまだ第一段だ」と言われるのか、少しずつ見えてきますね。大量に「見る」け

•

れど抽出は必ず必要であり、それは人間の個別の指示に間接的にでも依存する、また、高度な道具だからといって第二段以上ということにもなりません――ＡＩが自ら別の道具を発明するわけではないのです。そしてＡＩは特定の目的だけに使われ、なぜかも教えてくれず、一般化する想像力はもとより持ち得ないから、第三段では、無論ない。

これらは、知的だが決して将棋の延長ではない数学研究において、さらに顕著です。以前のⅡ―６、Ⅱ―８で解析、代数それぞれの一端をお話ししたように、数学の大きな問題を考える際には、まず「構造を適切に広げることで問題の本質が見えるようにする」のです。これは初等幾何学の補助線の効用の延長線上にあり、数学が歩んでいる道です。この種の「知らしい知」の発揮は、ＡＩにはとても苦手なようです。一年前の著名な科学雑誌『ネイチャー』に、数学でのＡＩの役立つ使用法の話が載っていますが、「ＡＩは証明もできる」とは書かれていませんでした。やっぱりと感じました。数学とＡＩについてのもう少し突っ込んだ話は巻末の「ＡＩと数学と」をご参照ください。

あー難しい、じゃー散歩……

森田真生さんの最近のエッセイ『偶然の散歩』（ミシマ社、二〇二二年）にも書かれているように、回遊的な散歩は、私にとっても最大級の楽しみであり、研究の中でも欠かせない触媒的な要素です。好奇心と対比させた「好回心」という造語を以前の拙著で提案したほどでした（『文化の土壌に自立の根』）。近くの賀茂川河川敷を歩くとき、あの橋に着くまでにこの補題を証明してみせるぞ、とかいった目的を持ったこともありましたが、より多かったのは藤原さんも書かれたように、アイディアが混迷したままで何となく歩き回ることでした。それは無意識領域の活性化と気分的新鮮さ、この双方をもたらしてくれるように感じますからこの習慣はお勧めです。総デジタル化の流れの中で、私の「悪夢」の一つをジョークっぽくいえば、大学構内での教官たちの散歩までもが事前にコースと時間を登録しないとできなくなってしまうこと！

昨日も西岸沿いに北大路橋から出雲路橋まで歩いたりベンチで休んだり——直線的に走りぬける方々を見送りながら。恵まれたこの自然環境に感謝しつつ好考爺の腰折れを一つ。

どっこいしょ冬の比叡が真っ正面

最後は私としての謝辞で終わらさせていただきます。

藤原さんは、歴史学の（私が想像していた以上の）深みの風景を複眼的に描いてくださり、他方、私からの不十分な数学書簡からも、両分野の共通性を、根っこにおける具体的繋がりとして感じ取り、それらを分かりやすく表現してくださいました。また、両分野の相違点についての私のツッコミにも、その度に辛抱強く丁寧に対応してくださり、お互いに認識の刷新が進んだと思います。この時期の私にとっては“Well, live and learn!”（Ⅱ－2の引用フレーズ）を地でいく「新たな学び」による生きがいにもなりました。

そしてこれらをより多くの方々の共有物として残そうではないかと（リバイズしたものを）出版していただけるのも、とても有り難いことです。ミシマ社編集部の、特に担当の野﨑敬乃さんには、まずウェブ連載の段階での「ここ面白いです！」との書き込みに随分勇気づけられました。そして、出版に向けた編集段階でも、私のずさんさからの様々な不備を補ってくださいました。

ここに、藤原さんと、ミシマ社さん特に野﨑さん、に厚く御礼申し上げます。

•

本書は、「みんなのミシマガジン」(mishimaga.com)に連載された
「学ぶとは何か　数学と歴史学の対話」(2021年11月〜2022年12月)に
加筆・修正のうえ、再構成したものです。

伊原康隆　いはら・やすたか
1938年東京生まれ鎌倉育ち。理学博士。東京大学と京都大学の名誉教授。東京大学理学部(1990年まで)と京都大学数理解析研究所を本拠地に、欧米(特にアメリカとドイツ)の諸大学を主な中間滞在先に、数学おもに整数論の研究と教育に携わってきました。関連著書に『志学数学』『文化の土壌に自立の根』など。熟年以後、日本学士院賞(1998年)、日本数学会賞小平邦彦賞(2023年)を受賞。趣味は音楽と水泳の短縮継続と読書です。

藤原辰史　ふじはら・たつし
1976年生まれ。島根県出身。京都大学人文科学研究所教授。専門は現代史、特に食と農の歴史。著書に『縁食論』『トラクターの世界史』『カブラの冬』『ナチスのキッチン』(河合隼雄学芸賞)、『給食の歴史』(辻静雄食文化賞)、『分解の哲学』(サントリー学芸賞)、『農の原理の史的研究』『植物考』『歴史の屑拾い』、共著に『中学生から知りたいウクライナのこと』『中学生から知りたいパレスチナのこと』『青い星、此処で僕らは何をしようか』など多数。趣味はソフトテニスと旅行と読書です。

学ぶとは　数学と歴史学の対話

2025年4月24日　初版第1刷発行

著　者　伊原康隆・藤原辰史
発行者　三島邦弘
発行所　(株)ミシマ社
〒152-0035　東京都目黒区自由が丘2-6-13
電話　03(3724)5616　FAX　03(3724)5618
e-mail　hatena@mishimasha.com
URL　http://www.mishimasha.com/
振替　00160-1-372976

装　丁　寄藤文平・垣内晴(文平銀座)
印刷・製本　(株)シナノ
組　版　(有)エヴリ・シンク

ISBN　978-4-911226-18-6

共通のポイントは、斜線で示された補助線がもとの題意にはなく、「自分の直感で見つけて補う」必要があることですね。これが面白いところであり、AIには一体どう教えれば（特定の場合にはできても）ある程度一般的にできるようになるか、というのが（以下でもみるように多分深刻な）課題のようです。

なお「AIには幾何の簡単な証明もできない」という話は新井紀子『AI vs. 教科書が読めない子どもたち』（東洋経済新報社、2018年、第２章）で指摘された実例によって初めて知り。驚きました。詳しくは拙著『文化の土壌に自立の根』の第10章もご参照下さい。

数学で新しい一般的な定理が確立されるのは、いくつかの実例と直感に基づいて誰かが一般的な命題を予測し、誰かがその論理的証明の筋道を発見することで得られる場合が現代も多いのですが、AIにできることは「大量な実例」に増やしそれらの中から「共通のパターン」を見出し予想を立てる材料にすることだそうです。これが結び目の理論と表現論において成功した例について書かれているのがネイチャー誌に載った下記の論説です。「パターン」の種類はあらかじめ制限して教えこむということだと思います。予想も数式のものなら立てられるでしょう。これは数学の進展にとって重要なステップだから、AIが数学研究の役に立つか立たないかといえば立ちうるということになる。

しかし肝心な「証明ができるか」は全く別問題と知り、やはりと思いました。

A. Davis et al. “Advancing mathematics by guiding human intuition with AI” Nature Vol 600（2021/12/02）

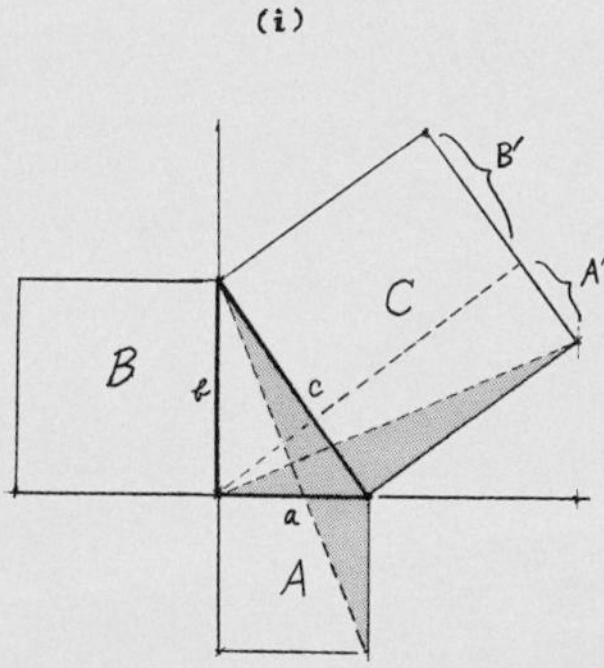

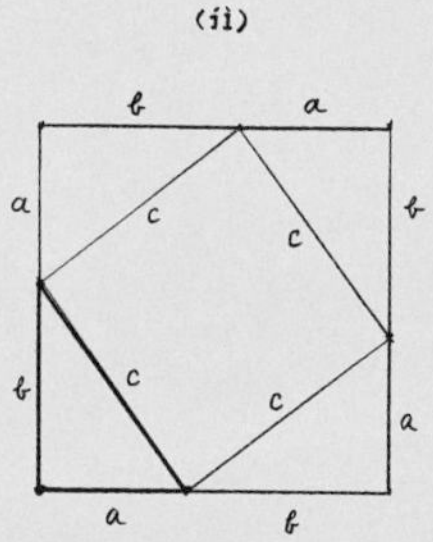

証明 (i) は左の図と対応します。直角三角形の各辺の上に正方形を乗せ、それらを A,B,C、ただし斜辺上のを C と名付けましょう。図の点線はすべて証明のための補助線です。A,B の面積の和が C の面積に等しいことを示すため、C を図のような２個の矩形 A' と B' に分け、それぞれの面積が A,B の面積と等しいことを示すのです。A と A' の場合を見ればあとは同様ですから、それに焦点を当てます。ところで正方形と矩形の面積を直接は比較しにくいから、矩形の面積は底辺と高さが同じ三角形の面積の２倍であること」を用います。三角形としては図の灰色の２つ（一方を 90° 回転すれば他方になるからこれらは同面積！）を使えばあとは一目瞭然！

証明 (ii) は右図と対応します。一辺の長さ $a+b$ の正方形の中に一辺の長さ c の正方形を図のように埋め込めること（と簡単な代数）がポイントの全てです。実際、前者の面積 $(a+b)^2$ を内側正方形の面積 c^2 と４個の３角形の面積（それぞれは $ab/2$）の和によって表したものを比較すれば、代数の基礎公式 $(a+b)^2=a^2+b^2+2ab$ からめでたく $c^2=a^2+b^2$ が得られるというわけでした。

であろう。これは本文や「ミニ書評」で引用した J.Pearl and D. Mackenzie“The Book of Why”(Chap.10 > Strong AI and Free will) に詳しく説明されており、私は説得力を感じました。消費も、その人の自由意志の一つとしてならこれに含めることができますが、オピニオンリーダーには、どなたであれ、「人の自由意志の範囲は広く、自分には十分見えていないかもしれない」という想像力と謙虚さも望まれるのではないでしょうか。坂村先生は予測として軽く示唆されただけかもしれないし、それ自体は面白いとは思いますが、何となく民の力を見くびられているような感じもいたしました。

数学者の目

「考察範囲を広げること」。以前その一端をご紹介したように、これは数学の進歩にとって欠かせない段階です。未解決の問題があったとします。その問題を「記述する」だけなら従来の言語で十分、でもその「解決」はもっと広い構造体の中でこそ自然な姿を現わす。だから

隠された構造に気付けること

が解決への道なのですが、単なる「指示待ち計算機」に過ぎない AI には構造体をどう広げて良いかわからないでしょう。

ユークリッド幾何学で適切な補助線を引くと解けるのが、隠された構造の発見の「ヒナ形」です。直角三角形に関するピタゴラスの定理（三平方定理）の普通の証明を二つ思い出してみましょう。

「そもそもオリジナリティーといっても、単に独創的なだけでなく、人に高く評価されるのでなければ意味がない」

とも書いておられます。しかし、誰かが何かを発見したというのは

自然現象として客観的な事実

であり、理学の対象は自然現象です。それが評価されるかどうかは社会の側のレベルとの「相対的な関係」ですから別問題であり、別問題として区別すべきだと思います。ガリレオの名前が残っている背後には、社会の側のレベルが（かろうじて細い糸で）ぶら下がっていたという幸運も作用していたこと。これを忘れてはならないでしょう。ガリレオに影響を及ぼした見えない先駆者もいただろうと想像できます――大作曲家あの方この方の場合もそうであったように。つまり、文化には「普通の目には見えない根があり、歴史の目で初めて可視化された太い根も、目には見えない毛根群から栄養を受けていたのだ」。こういうことは我々は実感として知っていますが、オピニオン・リーダーの方々も忘れないでいただきたいものです。

これを「AIに教えること」できますか？

なお、研究者だけでなく、もっと広い範囲で考えた場合、AIや他の動物にはできず人間にしかできないことは、何といっても

「自由意志の発揮」

「坂村健の目」に対する私見

本文で引用させていただいた「最後までAIにできなくて、人間にしかできないことは、消費すること（だろう）」は、毎日新聞の朝刊「坂村健の目」(2022.8.18) に掲載された見解でした。「人間に『しか』できないこと」ですから他の動物にもできることは入らない、従って視野の範囲は人間の社会的または高度に精神的な活動でしょう。しかし坂村先生のご視野には、たとえば引力、電磁波、複素数、等々様々な「仮想を可視化」して次の発展への土台としてきた科学者達の諸発見も、また芸術家たとえば大作曲家による美の発見、創造の素晴らしさ等も、含まれていないのではないでしょうか。これらはご専門の（広い意味の）工学からではなく、理学、芸術方面の体験からこそ感じ取れることですから、仕方がないともいえるでしょうが、中等高等教育にも大きな影響力を持つ先生のご意見ともなると、ただ黙っているわけにもいきません。たとえばAIはバッハ「のような」音楽をいくらでも作曲できるといわれます(これは別の方の話ですが)。しかしそれはバッハの音楽が人々の心に深く響いた結果、人間社会においてそれを十分評価できるだけの文化的基盤が育ち、

その影響を受けた作品が大量に出回ったことの帰結である
大量のパターンから希少なパターンを選んだのは人間である

ということも我々は決して忘れてはいけないでしょう。また先生は同じ括りで

AIと数学と

「火事 → 煙発生 → 火災報知器作動」

または子供に関して

「靴のサイズ ← 年齢 → 書く能力」

俳優に関して

「タレント能力 → 有名度 ← 美貌」

そして病院での話で「検査陽性 ⇄ 実際の疾患」と「検査も疾患も陽性」でなる図のデータを使って「検査陽性でも疾患の可能性は大抵は高いわけではない」ことがどうしてわかるか、など。

この本では話の順序がいつも「応用から原理へ」いいかえると「社会から理科へ」ですので、しばしば「面白い」が先行し「分かった」は後回しとなります。その他、第二章（出産時期 → 胎児の体重 ← 胎児の数；豚の話です）と第五章（タバコと肺疾患；米国でのタバコ産業と医師達との論争史）にも啓発されました。

（雑感）面白いし、どの章も最初のうちは分かりやすかったが、最終的には私にはどうも分かりづらい……Why？……箇所が多い本でした。年齢と理解能力との間の負の相関関係のせいでしょう。でも手元に置き折に触れて参考にしたい一冊となりました。

（教訓）Ⅱ-4の末尾「理系の人間は○○だ、といわれても」で、一見論理記号に見える矢印が、実は逆方向の矢印も含む関係だったりする、と述べました。この本は「Bayesのネットワーク」に限らず、そういった「頭の体操」の練習帖としても、特に若い方々におすすめです。

なお私が次にとりあげるパールとマッケンジーの「The book of why」を知ることが出来たのもこの本の関連文献の紹介からでした。

── パール&マッケンジー ──

Judea Pearl & Dana Mackenzie "The Book of Why ; The New Science of Cause and Effect"

(2018)Penguin Books

主には「人間の認知革命は三段階に分かれて進んだ、AI はまだ第一段階」説を最後の書簡で引用しましたが、因果関係や相関関係の分析も本書の核心部分ですので、それらにも触れておきましょう。

たとえば第３章は社会問題への応用が極めて広い「Bayes のネットワーク」の話。ちなみに Thomas Bayes は 18 世紀の英国の数学者、著者パールはこの名付け親でもあります。このネットワークは、複数の事象 A, B, ……とそれらを結ぶ矢印からなっていますが、この場合の矢印 A → B は直接の因果関係ではなく、単に「A が起こった場合 B が起こる確率が安定的に計算でき既知と見なせる」というだけの意味なのです。しかし、だからこそ、これらの組み合わせのデータから必要な結論を導ける数学が社会にとって有用ということです。

多くはデジタル社会の見えない部分で大手の企業に使われているそうですが、特に目立ったことといえば、2014 年マレーシア航空機がウクライナ上空でロシアのミサイルで撃ち落とされたときの数百人の犠牲者の身元確認という困難な課題—少ないデータから一日も早く—がこの手法によって大多数の犠牲者について解決できたそうです。

３つの事象の間の矢印について、厳選された以下の諸例は、いずれも「関係性のあるなし」について何かを考えさせてくれますね。

one simple, yet profound and far-reaching, statement.”思わず笑わせるところはジョークのセンスかも知れませんよ。まじめ人間優勢の日本でこの雰囲気を伝える和訳は、多分無理、無理。ところがその言明自体はいたって常識的です —— ただし（広い意味の）科学の研究にいそしんだ者にとっては、かな。

科学を特別扱いして差別する方々にこそ読んでほしいその言明とは：

「科学は通常の perception の延長である」

（perception の標準訳としては『知覚、認知、[鋭い] 理解 [力]』岩波国語辞典第8版）“Science is an extension of ordinary perception.”この著者のいわんとすることは非常によくわかる気がします。

（雑感）この書物は実は拙著『文化の土壌に自立の根、音楽×知性、数学×感性など、越境自在な根の動きを追う』（2021 年末出版）とテーマ的に重なっており、それに気づいた共通の友人が知らせてくれたものです。本書の音楽の記述では、随所に QR コードによって実際の演奏を聴けるようになっているのも有難い工夫。それにしても「The Deepest Connections」と言い切ってしまうとは！ Some deep connections なら頷けるけれど、これは著者の傲慢性ではなく、そう書けば皆が一笑してくれるという安心感の中でのユーモアのセンスかな？ 著者は玄人的バイオリン奏者とのことで、特に関心深く読みましたが、著者の「深部」とは主にパターン認識への神経反応系のことでした。小節をまたいだ音がその切れ目でストップしてもなぜ聴こえるか？でも実際を QR コード経由で聴かせてみせます。他方、和音の調和と音の振動数の簡単な整数比の関係（かのピタゴラス由来）の説明などは、拙著ほど根本からでない（著者は流体力学、私は整数論だからでしょうか）ですし、個別な実例をもとにした拙著の方が楽しそうなのになあとつぶやきました。

がるように感じることは確かにありますよね……」

——マッキンタイア——

M. E. McIntyre "Science, Music, and Mathematics. The Deepest Connections"

(2022) World Scientific

上と同じ書簡 II-10 の「地球環境問題と人間の理性について」で引用。著者の専門領域である気象変動の話はこの最終章
“Postlude: The amplifier metaphor for climate”
この章の出だしは、異常気象による大災害の度にジャーナリストが専門家に投げかける常套的な質問を揶揄ることから始まります。「〇〇先生、これは稀にしか起きない大天災か単なる偶然、または気候変動のせい、そのどちらでしょうか？」それに対してどう答えるか。「どちらかではなく両方だ。気候変動は長期間にわたって大災害の発生の確率とピークの激しさを上げているのだよ」から始まり、本書簡でも引用したように、丁寧に説明されています。

全般的には、かなり難解といえるでしょう。英語と日本語で各用語のカバー領域に「ズレ」があるのは当然ですが、ここでは英語の豊富な語彙の縦横無尽な使用によって「かれら対われ」の相違が強調されています。なんと高踏的、でも分かるぞ、と最も感じさせてくれたのは第５章「科学とは何か」“What is Science” の冒頭「私はここで、科学の哲学に関するあれやこれやの書物全てを、ただの一つの簡単かつ深淵な言明で、置き換えてお見せしましょう」
“So I’d like to replace all those books on the philosophy of science by

＊章の後半「歴史的な意味」より

「このような言語と文化と行動の間の網の目のような関係は歴史的にはどのようにして生じてきたものであろうか。言語のパタンと文化の基準とではどちらが先にくるのであろうか。大体において両者は絶えずお互いに影響しながら共に発達してきたのである。しかし、このような仲間関係があると言っても、言語の方は自由な融通性を制限し、より独裁的なやり方で発展の経路を固定化する要素である。[*1] これは言語というものが単なる基準の集合ではなくて、1つの体系をなしているからである。大きな体系の輪郭が本当に新しいものへと変わる過程はまことにゆっくりとしているが、他の多くの文化面での革新は比較的早く行なわれる。」[*2]

なお下線部＊1の原文は：But in this partnership the nature of the language is the factor that limits free plasticity and rigidifies channels of development in the more autocratic way.

下線部＊2の原文は：Large systematic outlines can change to something really new only very slowly, while many other cultural innovations are made with comparative quickness.

（雑感）私がこの仮説を知ることになったきっかけは偶然で、東京大学の広報誌「淡青」44（2022年3月）を眺めていたら「映画この一本」として『メッセージ』（ヴィルヌーヴ監督、2017年）を推薦した素粒子物理学者の大栗博司氏の記事（以下引用）をたまたま見つけたことでした。「（映画の）劇中にも出てきますが、サピア・ウォーフの仮説というものがあります。思考はそれに使われる言語の影響を受けるという説で、言語学の世界では異論もあるそうです。でも、外国語を学んで考え方が広

B.L. ウォーフ『言語・思考・現実』（池上嘉彦訳）
（1993）講談社学術文庫
"Language, Thought, and Reality; Selected Writings of Benjamin Lee Whorf"
(second edition) (1956) The MIT Press

書簡 II-2「他国語から○○を学ぶ」で言及したサピア・ウォーフの仮説が書かれた唯一の書物です。ウォーフの並はずれたキャリア等については本書簡でかなり触れましたので、ここではウォーフのこの著書の第4章「習慣的な思考および行動と言語との関係」から引用しましょう。

＊この章の冒頭でウォーフはサピアの言葉「……われわれが聞いたり、見たり、あるいは経験したりするのに大体一定のやり方があるが、これはわれわれ共同体の言語習慣がある種の解釈を前もって選択させるからである」を引用し、この言葉はしばしば浅い意味でしか理解されていないことを嘆き、自分はこのサピア博士のもとで研究する以前からこの問題に（火災保険の仕事から）関わってきたから言えるのだが、われわれが「ごく日常的な経験の所与を整理するのにも（言語体系に依存した）一定のやり方がある」と補足しています（下線と（　）は伊原）。

＊章の中間は様々な例、特にホーピ語と文化についての考察が、そしてラテン語が抽象的な対象をも空間的なものに喩えて表現する傾向が強いのはギリシャ文化の後塵を拝していた影響？　との説も。

分類が乱暴で非教育的、とのかねてからの実感について、これは我が国の言語文化にもよっているのかなと感じた次第です。

『高慢と偏見』に戻ると、本書簡で取り上げた後にもう一度最初から読み返してみて、ごく短い第１章に既に多くの伏線が含まれていたのに驚きました。主人公の母と父の冒頭の会話：「ねえねえ近くに若い貴族の男性が越してくるそうよ、娘たちと縁ができるように貴方、他の家族に負けないよう早めに挨拶に行ってよ」「……」「何で関心ないの？聞きたくないの？」「いや、喋りたいのはあんただろ、こちとらは聞かされるのを拒否はしないよ」。結局妻に内緒で挨拶に行ったのですが…。また「わたしの神経がすぐ参ってしまうこと知らないの？　心配してくれないの？」「君の神経？　知らないどころか古い古い友達だよ。何度も何度も紹介してくれてきたじゃないか」。

（補足：本文中の該当箇所の他の和訳例）

＊わたくしが奥方さまと同じような率直さを持ち合わせているとは申しません。ご質問はいくらでもどうぞ、でもそれにお答えするつもりはございません。

＊私は生憎と奥様ほど率直な性質を持ち合わせてはおりません。奥様がいろいろとお訊ねになるのは御自由ですが、私としてはお答えしたくないこともございます。

＊わたしあいにくと、奥さまと同じ率直さをもちあわせておりませんので、あなたがおたずねになるのは御勝手ですけど、わたしとしては、お答えしたくないと思う質問もございますのよ。

いずれも「フリをしない」「選ばない」を抜いた訳になっていることに注目してください。

理解は」と述べています。

また上記原本のジョーンズさんによる「イントロダクション」は本書の歴史的意義と（著者が思いをたくした）ヒロインの魅力についてそれぞれ詳しく論じています。書き写したくなった文章は：

＊ロマンスは歴史を超えた繋がりをつくる
Romance makes connections across history.

＊エリザベスは「はつらつした精神の持ち主」という非常に異なるタイプの女性像を体現している――『高慢と偏見』の格別な魅力は、アーティキュレットで独立した精神をもつヒロインにもよっている。
Elizabeth embodies a very different kind of feminity, "the liveliness of mind." — The particular appeal of "Pride and Prejudice" is also due to its articulate and independent minded heroine.

そして最も印象に残ったのはこれ：

＊オースティンは、読者が単なる消費者ではなく積極的な解釈者でもあることを基本的前提として小説の細部を書いている
Austen's fictional technique depends crucially on the reader as an active interpreter, not just a passive consumer, of detail.

（雑感）オースティンと私の出会いは、彼女の２番目（出版は１番目）の作品 "Sense and sensibility"『分別と多感』（『知性と感性』との訳も）からで、この二語のニュアンスの相違に具体的興味があったからでした。英語版を必要と感じたきっかけは、やたらに「頭が良さそう、悪そう」といった人物評が出てくる、が原語ではどういったのだろう？　でも英語で読むと「センスが良さそう、理解力がありそう、物分かりが良さそう」等ケースによって相異なる意味合いでした。頭が良い悪いの二

に浮かぶ傾向があって、それゆえ寝たなり頭のうしろに手を回してメモがすぐ手に届く場所にないと具合が悪いのである。家人が寝ているので起き出したり、電気をつけるわけにはいかない、というより、そんなことに手間取っていると直ちに着想は消し飛んでしまう。……」

（雑感）私の場合は忘れっぽいことが主因ですが、これは実行しています。

ジェイン・オースティン『高慢と偏見』
Jane Austen "Pride and Prejudice" Penguin Classics
(Edited with an Introduction and Notes by Vivien Jones)

本書のもとは「第一印象 "First Impressions"」という題で1797年に出版社に送られた原稿でした。当時はフランス革命後の英仏間の戦争の余波で少なくも英国の政府は革命的な思想が英仏海峡を越えて入ってくるのを何としてでも阻止しようとしていた時代でした。片田舎の無名な少女が書いたものという蔑視に加えてこの小説のヒロインの articulate and independent mind は広まって欲しくなかったことでしょう。出版を断られ原稿も紛失したが改定され1813年になってやっと現タイトルで出版されたとのことです。

かのラフカディオ・ハーン（小泉八雲）は、「オースティンが掘った象牙の板は（彼女がいうように）小さいかもしれない。だがそれを彫った職人は古今の人間の描き手のうちでも最大の一人だった」（中略）出版社に価値がなかなか理解されなかった理由として「それはあまりに繊細すぎた。今日でさえ、文学的素養が十分でないと彼女の小説の並外れた長所を理解することはできない、表面的にはともかくその内面の意味の分で酸素を作れるようになろう）であり、二つ目は、彼の着眼と苦労で後にアヴィニョンの主産業にまで成長した「アカネの色素成分から染料を作る」会社が、ドイツでの人工合成の成功（化学の力）によってあっさり潰れてしまった挫折感——そして、それから立ち直るため、資金源としてかの『昆虫記』の執筆を始めた、等々。

『昆虫記』でこの話を読まれた福井先生は、化学に対する「憧れと反感」両方を深く感じたそうです。高校３年のとき、親御さんが彼の将来の進路について以前から「つて」のあった京大の化学の喜多源逸先生に相談したら、「数学が好き」という話から「それなら化学をやらせなさい、自分のところで」と勧められたそうです。「化学は暗記科目」という当時の認識を喜多先生も超えておられたのでしょう。本人はそれを聞いても判断に迷ったが、決め手は「自然とファーブルとの出会いだった」とのこと。

なお書簡で引用した「手で覚える」は第２章「学問を支えるもの」>「基礎学のすすめ」の中。また研究段階での「その度にメモを書く大切さ」についても第３章「独創性をはぐくむ」>「夜中に浮かぶ着想」に次の下りがあります。

「メモと鉛筆は寝床の枕もとに置かれている。しかも、それは常に一定の場所に置かれている。昔のさむらいは就寝中賊に襲われた時すぐに対応できるように、反射的に手がいく一定の所に刀を置いていたという話を聞いたことがあるが、私のもちょっとそれに似ているだろうか。私の経験からすると、一体メモをしないでも覚えているような思いつきに、大したものはないようである。メモをしないとすぐ忘れてしまうような着想こそ貴重なのである。私の場合そういう着想は、夜中、多くは未明この書簡で引用した書物のうち、それほどは知られていないかもしれないが是非一読をお勧めしたいと考えた五冊（四冊は英語）の簡単な紹介に私の雑感を加えた「ミニ書評」です。馴染みやすそうなものからの順になっています。

福井謙一『学問の創造』

（1987）朝日文庫

書簡 II-10「手を動かす／学ぶものの『理性』とは」で引用。学びの実際について含蓄は多岐に亘り豊富ですので、少々追加いたします。

第1章「学ぶこと思うこと」の中の「自然への憧憬」も印象に残りました。

奈良県と大阪府をまたいだ地域で育ち、自然を直に観察する機会が多くそれが好きだったので、自然界にはかくも多様で深い構造があることが心に刻まれ、それらの間のデジタル的には表現しづらい差異も、直接の観察でこそ見分けられることを身をもって分かっていた、そのことが後々のためにも良かった、と。キーワードは「所与性」で、これは「思惟によって加工されない直接的な意識内容」のことだそうです。「子供はドリルに出てくる図形だけでなく自然の中の際限ない美しさにふれるとよい」と（ドリルを描く人の思いもよらぬ図形こそ将来その見究めが問題になるかもしれないからでしょう）。そしてファーブルに憧れ『昆虫記』を南仏の自然に想いを馳せながら繰り返し精読したという話。

遡って、ファーブル自身の化学との出会いの話も面白い。それは二つの失敗と関連していたそうです。最初は教師の実験の失敗（よし！　自

ミニ書評

巻末付録

伊原康隆

うらうち

二片